KB033577

스포츠 문화도시 구현을 위한
도시마케팅

02
융합문명연구원 포항학총서

스포츠 문화도시 구현을 위한 도시마케팅

김명수
김성희
김재훈
이승환
민병남

도서출판 나루

포항학 총서를 발간하며

　포스텍 융합문명연구원이 포항학 총서를 발간하게 되었습니다. 대단히 의미 있는 사업의 성과를 이루게 되어 기쁜 마음이 앞섭니다. 융합문명연구원은 현대 문명의 전환기를 맞아 우리 사회의 현재를 진단하고 미래를 모색하는 융합 연구를 위해 설립되어 그 이름에 걸맞은 다양한 사업을 수행해 왔습니다. 포항학 총서의 발간은 연구원이 현실과 보다 밀접하게 관련될 수 있게 하는 사업으로서 매우 의미 있는 일입니다. 연구원이 소속된 우리나라 최초의 이공계 연구중심대학인 포스텍이 그동안 지역 사회와 맺어온 관계를 획기적으로 발전시키는 일이라는 점에서도 큰 의미를 지닙니다.

　대학과 도시는 긴밀한 관련을 맺고 있습니다. 세계 유수의 적지 않은 대학들이 대학의 설립과 더불어 형성된 도시와 함께 성장해 왔습니다. 지금도 도시의 랜드마크처럼 시민들의 사랑과 자부심의 대상이 되는 세계적으로 유명한 대학들이 적지 않습니다. 영국의 케임브리지와 옥스퍼드, 미국의 프린스턴과 버클리,

하버드, MIT, 독일의 하이델베르크와 프라이부르크 대학 등이 좋은 예입니다. 이러한 대학들은 도시와 일종의 공동운명체적인 관계를 맺으며 발전하고 있습니다. 포항학 총서의 발간을 계기로 포스텍과 포항시도 이와 같이 상생 발전하는 관계를 한층 더 강화할 수 있기를 희망합니다.

이러한 희망을 성취하기 위해 포스텍 융합문명연구원의 포항학 총서는 열린 자세를 견지합니다. 무엇보다 먼저, 지역학이라는 분과 학문의 틀에 갇히지 않고자 합니다. 필진을 구성하는 데 있어 전문 학자에 국한하지 않을 것입니다. 포항을 사랑하는 시민들이 자발적으로 수행해 온 지역학적인 노력들 또한 폭넓게 끌어안고자 합니다. 둘째로 주제의 선정에 있어 유연한 태도를 갖추고자 합니다. 포항 시민과 우리나라 국민에게 유용한 지식과 정보를 확충하는 것이라면 학문적인 관심사와는 다소 거리가 있더라도 적극적으로 다룰 것입니다. 셋째로 지역의 경계에 얽매이지 않으려 합니다. 포항이 고립된 도시가 아님은 물론이요 포항의 발전에 국내외 각 지역과의 교류가 긴요한 만큼, 포항시 안팎에 걸치는 다양한 필자의 다채로운 시각을 전할 수 있도록 노력할 것입니다.

포항의 과거와 현재를 성찰하고 이를 바탕으로 바람직한 미래를 꿈꾸는 데 있어서 포스텍 융합문명연구원의 포항학 총서가

의미 있게 기여할 수 있도록 노력하겠습니다. 시민들의 삶과 밀접하게 연관되는 생생하게 살아 있는 연구, 사회와 학문의 전당이 함께 어우러지는 현실적이고 구체적인 연구로 포항학 총서를 채움으로써, 포항의 시민은 물론이요 포항에 관심을 갖는 모든 사람들이 즐겨 읽고 서로 대화할 수 있는 장을 열고자 합니다. 독자 여러분들의 성원을 믿고 기대하며 이 자리를 빌려 감사의 뜻을 표합니다.

2022년 2월 포스텍 융합문명연구원 원장 박상준

목차

김명수 金明秀

1960년 생. 일본 츠쿠바대학교에서 박사 학위를 받았으며, 1995년부터
포스텍 인문사회학부 교수로 재직하고 있다. 연구 분야는 스포츠심리학으로
Perceptual and Motor Skills 등 저명한 저널에 다수의 논문을 게재했다.

포스텍 체육교과로
시민스포츠 활성화하는 법

포스텍 체육교과와 시민체육 활성화

포스텍은 학생들의 건강과 체력 증진을 도모하고 스포츠의 즐거움을 알리고자, 오랫동안 다양한 체육교과와 스포츠 프로그램들을 시행해 오고 있다. 많은 대학이 포스텍의 체육교육을 벤치마킹할 정도로 수업 효과를 거두고 있다.

포스텍은 체육교과 강의를 통해 학생들의 다양한 심리·생리적 데이터 등을 축적해 왔으며, 수십 년에 걸쳐 정리된 데이터들은 학생들의 운동이나 신체활동 등을 이해하는 데 유용한 정보를 제공했다.

축적된 데이터를 이용, 과학적 분석으로 체육교육 개선에 꾸준히 노력해 온 결과, 체육교육의 체계화와 효율성을 높일 수 있었다.

포스텍에서의 체육교과는 크게 체력관리 교과와 스포츠종목 교과로 나눌 수 있는데, 체력관리 교과는 수강생들의 체력을 측정해 그 결과를 바탕으로 운동처방을 하고 운동방법을 지도해 체력증진을 교육목표로 한다. 최근 여러 지방자치단체에서 시민들을 대상으로 활발히 개설하는 체력증진 교실의 내용적 근간이 되고 있다. 포스텍의 체력관리 교과 개발 과정과 교육과정, 교육 내용 등은 지방자치단체의 체력증진 교실 개발 혹은 프로그램 개선에 도움이 될 수 있을 것이다.

또한, 포스텍의 스포츠종목 교과들 역시 오랜 기간 체육교육 연구와 교육현장 적용의 피드백 등을 거쳐 발전적으로 개선되어 왔으며, 그 과정에서 얻어진 사례나 경험 역시 시민체육 발전에 이바지할 수 있으리라 생각된다.

더불어 포스텍에 개설되어 있는 다양한 스포츠 프로그램들 또한, 오랜 연구와 노하우를 바탕으로 개발되어 구성원들에게 효과적으로 제공되고 있다.

포스텍의 체육교과과정 및 내용 등을 간략히 서술하고 여러 가지 스포츠 프로그램의 개발 및 변화과정과 현재 진행하는 프로그램 등을 소개함으로써, 포항 시민들의 생활체육에 관한 의식을 제고하고 시민체육의 활성화를 위한 방안 및 프로그램 개발에 시사점을 드리고자 한다.

포스텍의 체육교과과정은, 오랜 기간 교육현장에서의 실제적 적용과 피드백을 통해 이뤄진 과학적 교육의 축적된 산물이다. 현장 경험, 사례 분석, 연구 등을 통해 발전적으로 개선되어 현재에 이르렀다.

먼저, 체육교과 교과과정 변화를 살펴보기로 한다.

1995년부터 현재까지의 체육교과과정 변화 내용은 아래 표와 같다.

표 1. 포스텍 체육교과과정 변화

연 도	학점	과목	비고
1995년~1999년	2학점	체육I, 체육II	- 체육I·II에 속해 있는 실기종목 중 각 택 1 - 1학점 당 주당 시수 2시간
2000년~2008년	3학점	검도, 테니스 외 12개 종목	- 모든 과목 중 필수 2과목 선택 - 한 과목까지 선택학점으로 수강 가능
2009년~2011년	2학점	체력관리, 검도, 테니스 외 12개 종목	- 1학년 모든 학생이 체력관리 필수 수강 - 체력관리 이외의 한 과목 필수 선택
2012년~현재	2학점, 2Unit	체력관리, 검도, 테니스 외 12개 종목 초·중급 과정	- 1학년 모든 학생이 체력관리 필수 수강 - 체력관리 이외의 한 과목 필수 선택 - 리더십 센터 개설과목 중 체육과목 2개 선택 수강 가능

표 1에 나와 있듯, 포스텍 체육교과과정은 1995년부터 2020년까지 크게 세 번의 변화가 있었다.

첫 번째 변화는 2000년에 있었는데, 이때 개설된 모든 체육교과가 제 종목 명칭을 찾게 되었다. 그 이전에는 체육Ⅰ, 체육Ⅱ라는 교과명으로 수강신청이 이뤄지고, 성적 증명에도 체육Ⅰ, 체육Ⅱ를 이수한 것으로 기재되었다. 또한 체육Ⅰ, 체육Ⅱ 내에 각각 네 개 종목만 배정되고 그중 하나만 택할 수 있어 수강생들의 선택 폭이 좁았다.

이런 문제점을 개선하고자 세계 유수 대학의 체육교과과정을 벤치마킹한 후 개선방안을 제시했다. 2000학년도부터 열네 개 스포츠종목 교과 중 원하는 교과 두 개를 자유로이 선택할 수 있게 되었고, 성적 증명서에도 종목 교과명이 기재되었다. 또한 이때부터 각 강좌의 수강인원도 20명 이하로 조정(이전에는 강좌 당 30여 명 전후)되었다.

교과과정의 변화는 당시 국내외 대학의 사례를 충분히 조사한 자료를 토대로 이뤄졌다. 당시 해외의 유수 대학에서는 상당히 효과적이고 선진화된 수업이 이뤄지고 있었다.

예를 들어, 대학의 특성과 규모가 포스텍과 비슷한 칼텍(CALTECH)에서는 세 개의 체육교과를 필수로 이수하게 했는데, 학기당 수십 개의 다양한 강좌가 개설되고 수강정원 역시

15~20명 이하였다.

MIT에서는 독특한 체육수업 방식을 운영하고 있었는데, 모든 신입생은 입학과 동시에 수영 테스트를 받고 일정 기준을 통과하지 못하면 학교에서 개설하는 수영 수업을 반드시 이수해야 졸업이 가능했다. 즉, 수영 수업과 타 체육교과 세 개 강좌를 수강해야 졸업이 가능한 시스템이다. 수영 테스트를 통과한 학생의 경우, 네 개 강좌를 선택해 수강하면 졸업이 가능했다. MIT 졸업생은 모두 수영을 할 수 있다는 걸 의미하며, 지금도 동일하게 운영하고 있다.

이후 또 한 번의 체육교과과정 변화는 2009년에 있었는데, 체력관리 과목이 신설되고 모든 학생은 졸업까지 체력관리 교과를 필수로 수강해야 한다는 것이었다. 국내 대학 최초로 '개인별 맞춤형' 체력 및 건강 증진 프로그램을 체육수업에 도입했다. 이때부터 모든 신입생은 체력관리 과목을 필수적으로 수강해야 하고, 여러 스포츠 실기교과 중 한 개를 선택해 수강하도록 교과과정이 개편되었다.

세 번째 교과과정 개편은 2012년에 이뤄졌다. 2009년 체육교과과정을 보완한 것인데, 효율성을 기하고자 주로 세부적인 면을 손봤다.

포스텍의 체육교과과정은 여러 번의 변화를 거쳤다. 이처럼 포스텍의 체육교육은 오랜 세월 동안 체육교과과정의 발전적 개정을 통해 강좌 당 학생 수, 프로그램의 다양성, 교육 내용 등에서 대한민국 최고 수준으로 이뤄지고 있다.

물론, 그간 갈등이나 문제점이 없었던 건 아니다.

2000년의 첫 번째 체육교과과정 개정은 필요성을 제기한 후 5년 이후에나 이뤄졌다. 학생들의 수강 선택 폭을 넓히고 수강한 실기교과의 종목명을 정확히 기재하자는 제안을 했지만, 처음에는 받아들여지지 않았다. 당시 교과과정 정책을 결정한 위원회에서 "포스텍이 체육대학도 아닌데 많은 종목의 강좌를 개설할 필요가 없을 것 같다"는 구시대적인 사고로 제안을 거부했던 것이다.

또한, 2019년에 이뤄진 대학 시간강사법 개정도 (물론 좋은 취지에는 동의하지만) 대학 체육강좌 개설에 어려움을 안겨 준 측면이 다소 존재한다. 강사법 개정으로 여러 명의 강사를 초빙하기가 어려워졌다.

모든 대학의 시간강사는 연 단위로 채용해 3년간 고용을 보장해야 한다는 게 개정 강사법의 주된 내용인데, 그럴 경우 매 학기 일정시간 이상의 강의를 담당해야 하는데 다양한 종목의 강좌 개설이 어려워진다.

강사법 개정 이전의 포스텍 체육교과는 11~12개 강좌가 매년 개설되어 왔다. 각 종목의 강사들은 모두 국가대표 출신자들로, 매년 주당 네 시간의 수업을 담당해 왔다. 그러나 새로운 강사법으로 이들 중 일부는 강의를 할 수 없게 되었다.

새로운 강사법에 의하면 이들이 여러 종목의 수업을 담당하거나 특정 종목의 강좌를 두 배 이상 많이 개설해야 하는데, 국가대표급 강사들은 대부분 본인이 해 온 종목 이외의 수업은 담당하기 힘든 게 현실이었다.

그러다 보니 여러 종목의 지도가 가능한 교수가 수업을 담당해야 해서 강좌의 다양성이 줄어들게 되었다.

앞으로의 세부보완과정에선 학생들을 위한 수업에 초점이 맞춰져 그들을 교육하는 체육교육 전문가들의 의견이 충분히 반영되어 세부 정책이 결정된다면, 보다 효과적인 교과과정의 체육교육이 이뤄질 것으로 판단된다.

이는 시의 체육활성화를 위한 정책결정 등에도 중요한 시사점을 제공한다. 즉, 가장 우선시되어야 할 시민을 위한 체육과 활성화에 초점을 두고 정책이 기획되고 결정되어야 할 것이다.

한편 어떤 이유로 해외 유수 대학들은 20년 이상 같은 교과과정으로 체육교과를 운영해 오고 있는 것일까? 그만큼 체육교과 운영에 있어서 많은 투자가 이뤄지고 또 학생 중심의 교과과정이 완벽히 만들어져 있기 때문이 아닌가 싶다.

예를 들어 포스텍이 여러 면에서 벤치마킹을 해 온 칼텍의 체육교과과정 운영 내용을 살펴보면 아래 표와 같다.

표 2. 칼텍의 체육교과과정

항목	칼텍	포스텍	비 고
이수학점	- 3개 강좌 필수 이수 - 12개 강좌까지 선택이수 가능	- 2개 강좌 필수 이수 - 추가 선택이수 불가능	-
개설 강좌 수(학기당)	30	12	-
개설 강좌 종목	33	11	-
체육교과 담당교원	27명	7명	시간강사 포함

표 2에서 볼 수 있듯, 체육교육 전체 운영 규모에서 상당한 차이가 있다. 학부생 정원은, 학년 당 200명을 고수해 온 칼텍보다 입학생이 320명인 포스텍이 훨씬 많다. 그럼에도 칼텍의 체육교육 규모가 훨씬 크다는 점은 체육교육에 투자를 그만큼 많이 한다는 의미이다.

스포츠의 생활화가 건강에 좋다거나 의료비를 현저히 줄인다는 연구 결과들을 굳이 제시하지 않더라도, 체육교육 활성화의 필요성에 많은 분이 공감할 것이다. 체육교육 활성화나 시민체육 활성화에 많은 투자가 필요하다는 사실은 매우 자명하다.

포스텍의 체육교육은 정규 교과수업과 비정규 체육프로그램으로 이뤄진다. 정규 교과수업이 스포츠·신체활동 체험으로 흥미를 쌓아가는 기초과정 성격을 띤다면, 비정규 체육프로그램은 정규교과로 습득한 기초기능의 심화과정이라 할 수 있다.

포스텍 체육교과과정의 가장 큰 특징은, 아래 그림과 같이 학생들이 평생스포츠를 실천하고자 단계별 수강이 가능하고 체육교과는 수강 후 스포츠 활동과 연계되어 있다는 점이다.

그림 1. 포스텍 체육교과와 단계별 스포츠 활동

Step 1 체력향상 > Step 2 스포츠 기초 기능 습득 > Step 3 스포츠 심화 기능 습득 > Step 4 동아리 활동

운동처방

다양한 형태의 특강

기본적으로 포스텍 정규 체육교과 수업의 가장 큰 목적은 스포츠의 즐거움을 알리는 데 있다. 현재 우리나라의 대학 입학 전 교육환경은 체육활동과는 상당히 거리가 있다. 포스텍에 입학하

는 학생들 역시 운동의 즐거움을 모르는 경우가 많다.

포스텍에서 매년 실시하는 설문조사에 의하면, 320명의 신입생 중 정기적으로 운동을 하는 학생의 비율은 약 15퍼센트에 불과하다. 이러한 상황이기에 우선적으로 학생들이 신체활동이나 스포츠에 관심을 갖도록 체육수업을 진행하고 있다.

체육교과에 관해 좀 더 상세히 논해 보자. 먼저 정규 체육교과 수업을 보면, 체육교과는 졸업까지 2강좌를 필수로 이수해야 한다. 그중 하나는 체력관리 교과이고, 다른 하나는 열네 개 스포츠 종목(검도, 라켓볼, 농구, 배드민턴, 탁구, 축구, 수영, 댄스, 오리엔티어링, 스키, 조정, 골프, 테니스, 체육특강: 코어트레이닝) 강좌 중 하나를 선택해 수강하도록 되어 있다. (표 3 참조)

표 3. 단계별 체육교과 및 스포츠 활동

단계	과목	수업목표	비고
1단계 (기초필수 1학점)	체력관리	운동 습관 보유 동기 유발 체력 증진	1학년 재학 중 이수
2단계 (기초필수 1학점)	체력관리 이외의 11개 종목(초급) 중 택 1	각 스포츠 종목의 기초기능 습득	전 학년
3단계 (유·무료 스포츠 강습)	다양한 중급교과 중 택 2	각 스포츠 종목의 심화기능 습득	전 학년
4단계 (동아리 활동)	-	-	방학 중 동아리 활동 단기 특강을 통해 지속적인 스포츠 활동 참여

표 3에서 볼 수 있듯, 2단계까지가 정규 체육교과이고 3단계부터는 비정규 교과로 스포츠 지원센터를 중심으로 운영되는 프로그램이다.

1 체력관리 교과

필자는 포스텍에서 근무를 시작한 이래, 매년 모든 체육교과 수강생들을 대상으로 체력측정을 실시해 왔다. 그 결과, 포스텍 학생들의 체력은 동일 연령대의 대학생들에 비해 떨어지는 것으로 나타났다. 그리하여 체력 향상에 도움을 주는 과목 개설의 필요성을 제기했고, 마침내 국내 대학 최초의 '개인별 맞춤형' 체력 및 건강 증진 프로그램이 체력관리 교과로 도입되었다.

이 수업은 학생 개개인의 체력 및 건강을 향상시킴과 동시에 개인 스스로 체력을 관리할 수 있는 역량을 개발하고 강화하도록 설계되었다. 교육 내용을 설계하고 학생들을 지도해 효과를 확인한 후 수업을 개설하기까지 2년여의 시간이 걸렸다.

체력관리 수업의 운영 내용은 다음 표 4와 같다.

체력관리 교육 내용을 간단히 기술해 보면, 체력관리 수업은 다른 체육수업과 다르게 주당 세 시간 동안 수업한다. 1회당 75분 수업을 주 2회 실시하는 것이다.

먼저, 수업을 시작하면서 수강생들의 체력과 여러 체력요소들

표 4. 체력관리 수업 운영 내용

일정	체력관리 강좌 운영 내용
1주	**1차 측정** • 개인 체력상태 파악: 근력, 유연성, 근지구력, 심폐기능 등 • 기초의학검사: 신체구성(체중, 신장, BMI, 체지방률, 근육량, 세포내액, 세포외액 등), 혈압, 심박수, 허리둘레 • 정신건강 관련 설문 측정
2주	• 1차 체력 측정 및 맞춤형 운동처방 제시-1:1 상담 실시(1차)
3~7주	**1차 처방에 따른 개인 맞춤형 운동 실시** • 심폐체력관련 운동: 러닝, 워킹, 사이클 • 근 기능 관련 및 유연성 운동: chest press, shoulder press, leg curl, leg press, leg extension, back extension, sit-up, barbell curl, stiff leg dead lift and flexibility exercise.
8주	**2차 측정** • 1차 측정 결과에 따른 향상도 평가 • 2차 측정 결과에 따른 개인 맞춤형 운동처방 제시-1:1 상담(2차)
9~15주	**2차 처방에 따른 개인 맞춤형 운동 실시** • 심폐체력 관련 운동: 러닝, 워킹, 사이클 • 근 기능 관련 및 유연성 운동 : chest press, shoulder press, leg curl, leg press, leg extension, back extension, sit-up, barbell curl, stiff leg dead lift, squat, flexibility exercise.
16주	**3차 측정** • 1, 2차 측정 결과에 따른 향상도 평가 • 1, 2, 3차 측정을 바탕으로 한 향후 운동방향 설정 제시-1:1 상담(3차)

을 측정한다. 체력 측정은 최초 수업 3회 동안 이뤄지는데, 체력 측정치에 근거해 수강생 개개인에 맞는 운동처방을 내린 후 운동처방에 따라 수업이 실시된다.

수업은 기본적으로 유산소 운동과 웨이트 트레이닝으로 이뤄지는데, 각각 35분 정도의 비율로 매회 실시한다. 1차 운동처방에 따른 개인 맞춤형 운동을 실시한 후에는, 약 5~6주 후 2차 측정을 통해 체력 향상도를 평가하고 그 결과에 따른 상담과 새로운 개인 맞춤형 운동처방이 이뤄진다. 약 8주 후 3차 측정을 통해 체력 향상도를 평가하고 수강생의 향후 운동방향을 설정해 제시한다.

체력관리 수업으로 학생들의 체력과 체력 구성요인들이 뚜렷이 향상되었다. 윗몸 일으키기 등 체력측정 항목들에서 체력관리 수업을 이수한 후의 체력 향상도가 종목에 따라 11~81%까지 발전되었고, 신체 및 체력 구성요인 등에 있어서도 3~20% 정도의 발전이 이뤄져 체력관리 수업의 효과가 입증되었다. (표 5 참조).

이 수업을 개발하고 실시하기까지 수업설계와 검증에 많은 시간을 소요했다는 사실을 전술한 바 있다. 그런데 체력관리 수업을 필수교과로 지정해 수업을 실시함에 있어서도 의외의 어려움이 있었다.

원래의 수업설계는, 한 개의 분반 당 수강인원을 10명으로 해서 매학기 15개 분반을 개설해 모든 학생이 수강할 수 있도록 했다. 또한 운동효과를 고려해 매주 세 번(매회 50분)을 수업하도

표 5. 체력관리 수업의 효과

구분	2007학년도		2008-2 체력관리특강		2018-1 체력관리강좌	
	포항 공대생	전국대학생 평균	수강 전	수강 후	수강 전	수강 후
윗몸일으키기 (reps)	35.4	43.3	37.1	45.3 (22% 향상)	36.6	44.5 (23% 향상)
팔굽혀펴기(reps)	21.5	31.6	23.6	40.3 (70% 향상)	19.8	35.9 (81% 향상)
1마일걷기(min)	13.73	11.02	12.4	10.0 (19% 향상)	13.5	10.9 (20% 향상)
수직점프(cm)	47.4	49.0	45.3	48.0 (6% 향상)	42.8	47.6 (11% 향상)
사이드스텝(reps)	24.9	35.0	25.7	35.7 (39% 향상)	32.9	38.2 (16% 향상)

록 했다.

그런데 수업 시간표를 만들면서 문제가 발생했다. 신입생들은 여러 기초필수 교과를 1학년 때 수강해야 하기 때문에 수업 시간이 상당히 타이트하게 짜여진다. 하여, 매주 세 시간(3회)씩 체육교과 수업시간을 소화하기가 힘들었다. 한 학기에 15개 분반을 3회씩 수업을 하려면, 45회의 수업이 이뤄져야 한다. 이 많은 수업을 다른 기초필수 교과나 전공필수 교과들의 시간과 겹

치지 않게 조정하는 게 쉽지 않았다. 그래서 부득이 수업 횟수를 주당 2회(회당 75분)로 조정했고, 수업 내용과 진행 방법을 수정하는 데 굉장히 많은 시간과 노력을 들였다.

이러한 경험으로 미뤄 볼 때, 스포츠 활성화와 관련된 프로그램을 개발하거나 기획하고자 한다면 프로그램 실행과 관련되는 제반요소를 아주 면밀히 검토할 필요가 있을 것이다.

② 스포츠 종목 교과

스포츠 종목 교과는 선택필수로 운영되며 14개 종목(검도, 라켓볼, 농구, 배드민턴, 탁구, 축구, 수영, 댄스, 오리엔티어링, 스키, 조정, 골프, 테니스, 체육특강 : 코어트레이닝) 교과 중 한 과목을 선택해 수강하게 되는데, 각 스포츠 종목의 기본 기술을 익힘으로써 평생체육으로 나아가게 하는 데 기본 목적이 있다.

즉, 수업을 통해 각 스포츠의 재미를 알고 기본기능을 익힘으로써 수업 후에도 수강한 종목을 계속해서 즐길 수 있도록 하는 것이다.

그러나 한 학기가 16주라는 짧은 기간이기에, 기본기능만 충분히 익히는 데에도 한계가 존재한다. 이를 보완하고자 체육수업을 동아리 활동과 연계하는 등 학생들로 하여금 지속적으로 운동할 수 있도록 스포츠 프로그램을 개발하고 운영 중이다.

포스텍은 학생들의 스포츠 활동 활성화와 학생 개개인이 평생 스포츠를 실천하도록 도움을 준다는 관점에서, 3단계 프로그램을 운영하고 있다.

첫 단계가 체력관리 수업으로, 대학 입학 이전 느끼기 힘들었던 체력향상을 경험하게 함으로써 건강과 체력은 노력하면 나아질 수 있다는 점을 인지하게 한다. 두 번째 단계는 각 스포츠 종목 체육교과를 수강하는 것으로, 스포츠의 즐거움을 알리고 스포츠에의 흥미를 유발하도록 수업을 운영한다. 세 번째 단계가 학생들의 스포츠 활동 지원 프로그램인데, 학생들 스스로가 평생 스포츠를 실천하는 데 도움을 주는 지원활동으로 각종 유·무료 스포츠 프로그램과 동아리 활동 등을 포함한다.

이런 프로그램들의 기획 및 운영은 스포츠 지원센터가 전담하고 있다. 스포츠 지원센터(Sports Support Center)는 종합 스포츠 전담 지원 부서로서, 2016년 설립되어 학생들의 건강한 심신 단련을 위한 다양한 스포츠 활동 장려 및 교내 구성원들의 스포츠 문화 조성을 주목적으로 운영되고 있다. 더불어 포스텍 최초이자 유일한 스포츠 팀인 조정 팀이 만들어지면서 조정 종목 발전을 위한 여러 실무 지원 또한 담당하고 있다.

◳ 유료 프로그램

유료 스포츠 프로그램은 기본적으로, 체육교과에서 개설하기 힘들거나 정기적인 체육수업으로 개설이 어려운 스포츠 종목을 중심으로 기획된다. 즉, 체육교과로 수업을 개설하더라도 수강 학생이 적어 폐강되기 쉬운 교과라든지, 해당 종목의 시설이 없어 정기 수업이 불가능한 경우 스포츠 프로그램을 통해 특정 스포츠 종목을 체험하도록 해 주기 위함이다. 또한 체육수업을 수강한 후 더 상급의 기술이나 내용을 배우고 싶어 하는 학생들도 많기에, 그들이 유료 스포츠 프로그램을 통해 한 단계 발전된 기능이나 이론을 습득할 수 있도록 특정 종목의 상급 과정을 지도하는 프로그램이 개설되기도 한다.

유료 스포츠 프로그램은 기본적으로 일정 금액의 수업료를 지불하고 수업에 참여할 수 있는데, 수업료는 외부의 스포츠 강습료보다 저렴하게 책정된다. 2019년을 기준으로 배드민턴, 요가, 방송댄스, 조정 프로그램 등이 매달 지속적으로 개설되어 운영되고 있으며 연 참가 인원은 약 1000여 명에 이른다.

스키캠프

교내 스키캠프는 교내 구성원 및 구성원 가족들을 대상으로 매년 1월(1~3차)에 2박 3일과 3박 4일 일정으로 열린다. 매년 약 2~300명 정도가 참가하고 있으며, 참가자 중 강습을 원하는 경우 유료 스키강습이 이뤄진다. 강습료는 시중가보다 훨씬 저렴한 선이며, 초·중·고급반 강습을 선택해 수강할 수 있다. 또한 캠프 참가비용도 외부 스키장에 가는 비용의 절반 정도 수준으로 스키를 즐길 수 있어, 많은 구성원이 참여하며 각 연구실 단위의 참가자들도 많다.

❷ 무료 프로그램

학생 스포츠 지도자 프로그램

학생들로 하여금 다양한 스포츠 활동을 경험하게 하고, 체육수업 수강 이후의 기능 향상에 도움을 제공하기 위해 설계된 프로그램이다. 체육수업을 수강한 이후 조금 더 운동을 해 보고 싶은 희망을 가진 학생들 중 해당 종목의 기능레벨이 높은 학생이, 지도자의 자격으로 동료 학생들을 지도한다.

학생 스포츠 지도자는 체육교수들이 기능레벨이 높은 학생을 면밀히 검토한 후 대상자로 선정해 그중에서도 지도력이 있는 학생을 엄선하여 임명한다. 학생 지도자로 선발되는 학생들은 주로 해당 스포츠 종목 동아리의 회장인 경우가 많다.

학생 스포츠 지도자로 선발된 학생의 입장에서도, 동료 학생들의 스포츠 지도자로서 타인의 지도 경험을 가질 수 있는 기회를 가지므로 리더십 향상에도 큰 도움이 된다. 또한 스포츠는 타인을 지도하며 자신의 기능도 향상되기 때문에 자신의 발전을 위해서도 타인에 대한 지도 경험은 중요한 의미를 가진다.

학생 스포츠 지도자 프로그램은, 지도하는 학생은 가르침을 통해 자신의 발전을 꾀할 수 있고 배우는 학생은 무료로 스포츠를 배울 수 있는 장점을 가진 유익한 프로그램이라 할 수 있다. 현재 주짓수, 검도, 유도, 코어 트레이닝, 헬스 기구 사용법 프로그램이 학기별로 개설되어 운영되고 있다.

스포츠 전문가 초청 강연

스포츠 전문가 초청 강연은 교내 구성원들의 스포츠 활동 동기 유발과 스포츠 생활화를 꾀하는 데 아주 효과적인 방법이다. 매년 5월과 9월에 실시하고 있는데, 교내 구성원들이 각종 스포츠 종목 최고 전문가의 수준 높고 실제적인 강의를 듣고 자극 받아 꾸준히 운동할 수 있는 의욕을 고취하기 위한 목적으로 설계된 프로그램이다.

예를 들면, 2017년 김은광 강사의 '극한, 그리고 살아 있는 고마움'이란 강연은 많은 이에게 새로운 스포츠 세계를 일깨워 주는 계기가 되었다. 김은광 강사는 익스트림 스포츠 및 스노우보드 전문가로서 한국 최초로 히말라야를 등반한 후 스노우보드를 타고 하산한 기록을 가지고 있다. 강연에서 그는 남극 극 지점 도달이라는 목표를 세우고 행했던 도전의 여정에서 얻은 경험을 이야기했다. 이 강연은 많은 교내 구성원이 전혀 몰랐던 미지의 세계에 관해 조금이나마 알게 되는 계기가 되었다.

스포츠 역시 최고레벨에서는 일반인들이 알지 못하는 깊은 세계가 있기에, 그런 경이의 세계를 경험하게 함으로써 스포츠 활동에 관심을 유발하는 의미로 이러한 강연들은 추후에도 많이 기획될 것이다. 최근의 스포츠 전문가 초청 강연은 아래 표를 참조하기 바란다.

표 6. 스포츠 전문가 초청 강연

순번	연도	강연명	강연자	일시
1	2017	극한, 그리고 살아 있는 고마움	김은광	2017. 09. 29
		스포츠 동아리활성화 전문가 초청 (농구, 조정, 주짓수)	김종목 방현석 김동현	2017. 11. 15 2017. 11. 15, 22 2017. 11. 19
2	2018	조정팀 근력 운동 및 트레이닝 기술 훈련	방현석	2018. 07. 11
		Creative with body(contemporary hip hop)	최종환	2018. 11. 11
		스포츠 동아리활성화 전문가 초청 (주짓수, 조정, 라켓볼)	박주식 권말희 김종목	2018.11.24 2018.11.29. 2018.12.09
3	2019	스포츠 동아리활성화 전문가 초청(야구)	이영욱	2019. 09. 19

무료 특강

학생들의 여가 활동과 건강에 도움을 주고자 무료댄스와 스키 무료 클리닉을 실시하고 있다. 무료댄스 특강은 'Shall we dance?'란 이름으로 특강을 개설하는데 학기마다 테마를 바꿔가며 운영된다. 특히 최근에는 K-POP의 영향으로 세계적으로 인기를 얻은 곡의 안무를 배우고자 하는 학생들이 많다.

스키 무료 클리닉도 매년 실시하고 있는데, 스키에서는 원 포

표 7. 포스텍의 무료 특강 프로그램

순번	학년도	특강명	참여인원(강사명)	일시
1	2018	K-POP DANCE	30명(방민솔)	2018. 05. 20, 27
		Shall we dance? (party dance)	30명(선겸주)	2018. 05. 03~31 (매주 목요일)
2	2018	Girl's hiphop	30명(방민솔)	2018. 08. 27~29
		Shall we dance? (line dance)	30명(최영미)	2018. 11. 02~16 (매주 금요일)
		스키 무료 클리닉	15명 (민병남, 김재훈, 박승우)	2019. 01. 06~20 (매주 일요일)
3	2019	Shall we dance? (BTS)	30명(최가영)	2019. 06. 18~07. 09 (매주 화요일)
		Shall we dance? (party dance)	30명(선겸주)	2019. 11. 05~26 (매주 화요일)
		스키 무료 클리닉	15명(김현근, 김현수, 유지원)	2020. 01. 06~20 (매주 월요일)

인트 레슨이 대단히 중요하다. 즉, 기능이 향상되어 가다가도 어느 순간 정체되는 시기가 있는데, 이때 스키 지도자의 원 포인트 레슨이 엄청난 위력을 발휘한다. 일반인이 이같은 원 포인트 레슨을 실력 좋은 강사에게 받으려면 비용 부담이 상당히 크기에, 교내 구성원들이 무료로 원 포인트 레슨을 받을 수 있도록 스키 무료 클리닉 프로그램을 개설해 운영하고 있다.

최근 연도별로 실시한 무료 특강 프로그램은 아래 표 7과 같다.

체력측정 / 상담

교내 구성원들의 건강 증진과 스포츠 활동에 도움을 주기 위해 학기 중 매월 1회 체력측정과 그에 따른 상담을 실시하고 있다. 체력측정과 상담 신청은 교내 구성원 누구든 가능하며, 운동을 시작하려 하거나 혹은 운동을 하면서 체력의 향상도를 체크하고 싶을 때 언제든 이용할 수 있다. 체력측정에 참여하는 구성원들은 스포츠 동아리 활동을 하는 학생이거나, 운동을 하고 싶은데 어떻게 시작해야 할지 방향성을 잡지 못하는 교직원들인 경우가 많다.

스포츠 관련 상담

스포츠 관련 상담은 인문사회학부에 개설된 스포츠 종목의 기능을 향상시키기 위한 종목별 상담과 건강 체력 향상을 위한 상담으로 나눠 진행되고 있다. 상담은 각 종목의 최고 전문가(전 국가대표)들이 맡아 하는데, 스포츠나 건강 체력 향상과 관련된 내용으로 이뤄진다. 주로 스포츠 동아리 학생들을 대상으로 매 학기 1~2회 실시되며, 본교의 체육교수들 모두가 국가대표이거나 해당 종목에서 최고의 경력을 가진 전문가들이기에 개설 가능한 것이라 본다.

스포츠 기능레벨 인증

스포츠에서 개인 기능레벨 인증은 운동을 지속할 수 있게 하는 중요한 요인이다. 지도자 레벨 이전 단계를 설정해 인증해 줌으로써 비슷한 수준의 사람들과 어울리며 운동할 수 있는 기회를 제공하고자, 희망자를 대상으로 매년 학기 말에 실시하고 있다. 스포츠 기능레벨 인증제 역시 스포츠 동아리를 중심으로 운영된다.

조정팀 활동

포스텍은 공과대학이라는 학교의 특성상 운동부를 창단해 운영하기는 힘들 거라고 생각하는 교내 구성원이 많았다. 공과대학에는 스포츠팀이 필요치 않다는 선입견을 없애기는 사실상 불가능에 가까웠다. 물론 스포츠팀 창단의 필요성은 꾸준히 제기

되어 왔다.

우리 대학이 벤치마킹 대상으로 삼았던 칼텍은 11개 스포츠 팀이 운영되고 있는데, 운동부 운영은 학생들의 생활과 애교심 등에 지대한 영향을 미친다고 호소해서 학교 측의 이해를 얻었다손 치더라도 막상 창단 작업을 추진하려 하면 난관에 봉착하곤 했었다. 운동부 운영에는 적지 않은 예산이 필요하고, 그 예산을 사용한 만큼 실질적인 득이 없다는 이유로 항상 우선순위에서 밀렸던 것이다.

그러던 중, 필자가 포스텍에 부임한 지 얼마 지나지 않아 모 원로교수께서 필자에게 조정부를 창단해 보면 어떻겠냐는 제안을 해 오셨다. 이전에도 모 교수의 제안으로 조정팀을 만들려는 시도는 있었으나 팀 창단 작업을 하는 과정에서 예산문제로 좌절된 이력이 있다. 당시는 배를 구입하는 등 창단을 위한 예산은 확보가 되었지만, 지속적으로 필요한 운영비가 문제였었다.

그러나 2011년 김도연 총장이 포스텍에 부임하면서부터 상황은 반전되었고, 총장의 전폭적인 지원 하에 포스텍 조정팀이 극적으로 만들어졌다. 총장께서 대학 시절 조정 선수로 활동한 바 있고, 전국체육대회에서 메달을 획득한 조정 메달리스트로서 조정에 대한 이해와 애정이 깊었기에 가능한 일이었다.

창단 후, 조정팀의 운영과 지도에는 포항시의 전폭적인 지원이 있었다. 국가대표 출신의 훌륭한 코치를 추천해 포스텍 조정팀의 기능 향상에 크게 도움을 줬을 뿐만 아니라, 포항시의 조정팀 훈련장과 조정 정고를 사용할 수 있도록 해 줬다.

그 외에도 포스텍 조정팀과 관련한 거의 모든 부분에 적극적인 지원을 아끼지 않았다. 대학과 포항시의 전폭적인 지원에 힘입어 포스텍 조정팀은 매년 여러 전국대회에서 우수한 성적(2019년 대학 조정대회 너클포 2위 등)을 거두고 있다.

운동실천달력 및 건강달력 배포

포스텍 구성원이 일상에서 손쉽게 실천할 수 있는 운동실천달력을 매 학기 온라인(이메일)으로 배포하여 운동을 좀 더 쉽게 접

그림 2. 운동실천달력

할 수 있도록 돕고 있다. (그림 2 참조)

건강달력은 6개월 단위로 제공되는데, 스트레칭과 유산소 운동(걷기나 달리기) 및 근력운동(간단한 웨이트 혹은 코어트레이닝) 방법과 운동량을 제시하고 매일 실천한 내용을 달력에 체크하도록 구성되어 있다.

그림 3. 건강달력

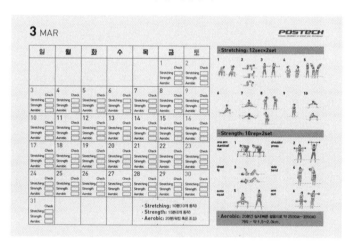

매달 운동 강도를 조금씩 높이고 같은 동작이 아닌 다른 동작들로 프로그램화되어 있어서 달력을 제공받는 개인의 운동생활에 큰 도움을 주고 있다. 달력에 제시된 운동방법을 구체적으로

설명하는 내용의 부록도 제공하여 운동하는 방법을 쉽게 이해하도록 하였다. 추후 여건이 허락되면 이메일 형식과 함께 휴대폰에서 쉽게 체크할 수 있는 달력을 만들어 배포할 계획이다. (그림 3 참조)

▊ 체육교과의 발전 계획

요즘은 매년 찾아오는 황사로 야외 신체활동에 제약을 받는 경우가 많다. 이러한 기후·환경 변화는 체육교육 현장의 지도 방식이나 지도 내용에도 불가피한 변화를 야기할 것이다. 설상가상으로 코로나 팬데믹은 전 세계 인류의 신체·스포츠 활동에 큰 장애를 가져다줬다.

이 같은 대내외적 환경의 변화로 최근 집에서 운동하는 이른바 '홈트족(홈 트레이닝 족)'이 늘고 있다. 포스텍은 이러한 트렌드를 체력관리 수업에 반영하고자 2018년부터 수년간 꾸준히 준비해 오고 있다. 우선, 체력측정과 운동처방을 통해 학생 개개인에게 맞춰 기구를 사용한 웨이트트레이닝 40분, 유산소운동 35분으로 진행하고 있는 현재 수업 내용에 많은 변화를 주고자 준비 중이다. 학생들이 반드시 체육관이나 운동장에 와서 운동을 해야 하는 방식을 원하는 장소에서 혼자서도 운동할 수 있는 방식으로 바꾸려는 것이다.

현재 진행하고 있는 체력관리 수업에서 얻을 수 있는 것과 동일한 운동효과를 가질 수 있거니와, 거주하는 곳에서 혼자서도 간단한 기구로 할 수 있는 운동 프로그램을 개발하여 적용함으로써, 시간과 장소의 제약을 받지 않고 학생들이 본인에게 맞는 운동을 실천해 나갈 수 있도록 하려는 것이 주요 내용이다.

최근 스포츠 관련 웨어러블 기기의 급속한 발전에 따라 기존의 체력측정과 운동처방이 점점 의미를 잃어가고 있다. 또한 유튜브의 등장으로 다양한 운동방법이 소개되고 있지만 시청자들의 운동지속 가능성을 염두에 두고 체계적인 운동방법을 제시한 영상은 드물다. 이러한 이유들로 인해 교양으로서의 체육수업 방식에도 변화가 요구되고 있다.

포스텍에서는 학생들의 욕구를 충족시켜 줄 다양한 운동방법 개발과 수업방식 개선을 위해 체력관리 수업 담당교수 4인이 각기 다른 내용을 검토하고 프로그램을 개발해 체력관리 수업에 변화를 주고자 연구 중에 있다.

또한 보다 발전된 체육수업을 위해 2016년부터 운동기구 개발에 착수하여 2020년 현재 시제품 제작을 앞두고 있다. 시제품 제작을 앞둔 운동기구(그림 4)는 체육수업 때 사용하기 위해 개발한 다목적 헬스기구이다. 일반적인 헬스기구는 근육 한곳을 운동하기 위한 기구의 부피가 굉장히 크고 또 고가이다. 현재 국내의 실 평수 50평 정도 헬스장에서 약 12~3개의 다른 부위의 근력운동을 할 수 있는 기구를 배치하고 있으며, 포스텍 체육관 헬스장 역시 비슷하다.

이 같은 환경에서는 각 수강생의 자세 지도에 많은 시간이 소요된다. 즉, 한 사람씩 자세를 교정해 주기 위해 많은 시간이 소요되는 단점이 있다. 그러나 개발된 다목적 헬스기구는 기구 한 대로 여러 부위의 운동을 할 수 있도록 설계하여, 동일한 기구를 여러 대 배치하면 여러 명을 동시에 지도할 수 있다. 개발된 헬스기구는 그림 4에서처럼 동체 부분이 상하좌우로 움직일 수 있어 여러 부위의 운동이 가능하도록 설계되었다.

그림 4. 개발 중인 다목적 헬스기구

추후 이 기구를 이용한 수업을 개발해 적용하면 보다 효율적인 체력관리수업이 가능해질 것이다. 이 기구의 장점은 장소를 많이 차지하지 않기 때문에 학생들의 생활공간에 설치가 용이하다는 것이다. 따라서 전원 기숙사 생활을 하는 포스텍의 경우, 학생들의 주거공간에 설치하면 학생들의 스포츠 생활에 큰 도움을 줄 수 있을 것이다.

이 기구가 완성되면 아래 그림과 같이, LG U플러스와 카카오 VX가 만든 스마트 홈트 앱(App)을 통해 인공지능(artificial

그림 5. LG U플러스 스마트 홈 트레이닝

출처 : LG U+ 유플러스 블로그 2019.10.22.

intelligence: AI) 동작분석을 해 피드백을 제공하는 것과 유사한 앱을 개발할 수 있을 것이다(현재의 LG U플러스 서비스는 운동기구가 개발되어 있지 않아 맨몸으로만 가능한 코어트레이닝 위주의 서비스만 제공 가능).

포스텍은 새로운 시대에 맞는 창의적이고 효율적인 체육교과 수업을 위해 여러 방면에서 적극적인 노력을 게을리하지 않고 있다. 체육 담당교원들이 개발한 각종 운동 프로그램들을 활용해 학생들이 효과적으로 운동할 수 있는 날이 가까운 미래에 도래하리라 본다.

온라인 교육의 단점을 보완한 커뮤니케이션 툴(TOOL)을 통해 이용자 간 소통도 가능하고 운동 시간, 횟수, 칼로리 등 다양한 데이터 확인도 가능한 포스텍만의 체육교육 프로그램이 조만간 개발되어, 보다 발전된 체육교육 프로그램을 학생들에게 제공할 수 있을 것이다.

② 스포츠 프로그램의 발전 계획

포스텍은 시대 변화에 맞는 보다 효과적이고 발전된 스포츠 관련 프로그램을 자체 개발해, 교내 구성원들의 건강과 스포츠 활동에 이바지하고자 지속적인 노력을 해 왔다. 계획 중인 스포츠 프로그램의 주요 내용은 다음과 같다.

· 가제 '수학자(혹은 생명공학자 등)와의 walking(혹은 skiing 등)

운동을 즐기면서 학부생들과 교류 의사가 있는 교수들을 파악해 학생들로 하여금 다양한 분야의 교수와 함께 운동할 수 있는 기회를 제공함으로써, 학생들의 건강 생활뿐 아니라 사고 확장에도 도움을 주고자 하는 프로그램이다.

· 개별 운동 프로그램의 제공 및 정보 제시

교내 구성원들이 주 생활공간(예를 들어 공학 1동 등)에서 쉬는 시간 혹은 점심시간에 할 수 있는 운동 프로그램을 제공한다. 더불어 "공학 1동에서 생활하는 학생은 등하교 시 워킹만으로 운동량이 모자라므로 학생식당에서 점심식사 후 산기연 입구까지 걸어간 후 공학 1동으로 복귀하면 ○○km를 걸은 것이 되며 ○○kcal를 소모할 수 있다"는 등 해당 운동 프로그램을 시행함으로써 얻게 되는 구체적인 정보 등을 홈페이지를 통해 제시한다.

· 스포츠 클리닉의 확대

교내 전 구성원을 대상으로 다양한 종목(스키클리닉 등)의 스포츠 클리닉을 확대해 실시한다(수익자부담).

최근 포항시에서도 시민들을 위한 다양한 스포츠 관련 프로그램을 운영하고 있다. 표8 ~ 표11은 2019년에 포항시에서 운영한 스포츠 프로그램과 체육관련 행사들인데, 2년 주기의 스포츠 대회가 포항시 체육회 주관으로 열렸으며 해양스포츠와 스포츠 아카데미와 같은 스포츠 프로그램 역시 다양하게 개설되었다.

그런데 문제는 이 프로그램들이 대부분 스포츠에 관심이 있거나 경험이 있는 시민들 혹은 개인적으로 체육활동에 임하고 있는 사람들이 참여한다는 점이다. 예를 들어 걷기프로그램에 참여하는 사람들은 대부분 개인적으로 일상에서 걷기 운동을 하고 있다. 그리고 포항시 체육회에서 주관하는 체육대회 참가자들도 모두 각 스포츠 종목을 오랜 기간 경험해 왔다고 볼 수 있다.

즉, 개설되어 있는 다양한 스포츠 프로그램들이 포항시민들의 스포츠 활성화에 도움을 주는 건 분명하지만, 스포츠에 전혀 관심이 없는 사람들을 스포츠 활동에 참여하게끔 이끄는 역할을 하는 건 힘들지 않을까 하는 생각이 드는 것이다.

이에 포스텍 스포츠 지원센터 프로그램을 운영해 온 경험을 바탕으로, 포항시민들의 스포츠 활성화 방안에 관해 몇 가지 제언을 덧붙이고자 한다.

· 문화행사 혹은 교양강연 등과 스포츠 행사를 패키지로 기획해 볼 필요가 있다. 예를 들어 대학의 문학 강연이나 음악회 등과 걷기 행사를 연계해 시민들의 참여를 유도한다든지, 해파랑길 걷기행사와 연계해 코스에 관한 이야기를 들을 수 있는 행사라면 잘 걷지 않는 시민들의 참여율을 더욱 높일 수 있을 것이다.

· 포스텍처럼 스포츠 전문가 초청강연을 정기적으로 개최하여, 스포츠에 대한 일반시민의 이해도를 높이고 참여를 유도할 수 있을 것이다. 예를 들어 특정 종목의 정상급 선수들이나 스타 선수들을 초청해 강연을 개최한다면, 일반 시민이 전혀 알지 못하는 세계에 대해 많은 이야기를 들을 수 있게 되어 스포츠에 대한 관심을 고양시킬 수 있을 것이다.

· 다양한 스포츠 무료강좌 개설을 통해 시민스포츠를 활성화하는 방안도 검토해 볼 수 있다. 포스텍의 학생지도자 프로그램과 같이, 강습료 없이 스포츠 기초를 지도해 줄 수 있는 선생님이 어느 도시든 많이 있다. 예를 들어 각종 스포츠 동호회에는 해당 종목 스포츠 지도가 충분히 가능할 정도의 기능을 보유하고 있는 사람들이 의외로 많다. 재능기부로 무료 강좌를 개설해 시민들의 스포츠 활동에 도움을 줄 수 있을 것이다.

· 사설 스포츠 시설 지도자들의 재능기부를 받는 것도 하나의 방법이다.

예전에 포스텍 스포츠 지원센터에서 사설 스포츠 시설을 운영하는 스포츠 지도자들에게 무료강습이 가능한지 문의한 적이 있는데, 대부분이 주 1회 정도라면 봉사할 수 있다고 답변했었다. 본인이 지도하는 종목의 저변을 확대하기 위해 대가 없이 무료 강습을 하는 데 매우 호의적이었다.

· 포스텍 주짓수 동아리는 시내 사설 시설 관장의 지도를 무료로 받은 바 있다. 야구 동아리는 포스코에 근무하면서 야구 심판자격증을 보유한 지도자가 감독으로, 축구 동아리는 제철고 출신으로 청소년 국가대표 출신인 지도자가 감독으로 재능기부를 한 바 있다.

· 포항시에는 여러 공공 체육시설이 있다. 여러 종목의 스포츠가 가능한 다목적 체육관만 해도 8개나 된다(표 '포항시 공공 체육시설' 참조). 이러한 시설들의 활용도를 높일 방안으로 특정 시설을 몇 가지 스포츠 종목으로 한정해 활용할 수도 있다. 예를 들어 양덕 한마음 체육관은 배드민턴 종목으로, 만인당은 탁구 종목으로 특화해 운동 기능 레벨에 따른 상시 유·무료 프로그램을 연중 개설함으로써 활용도를 높일 수 있다. 종목에 따른 운동기구 설치 및 유지비용을 줄일 수 있다는 이점도 따른다. 굳이 체육관이 아니더라도 신체활동이 가능한 형태의 시설이 많이 있다. 강변부지의 체육시설들이나 해수욕장의 모래사장 등도 훌

룡한 체육시설이 될 수 있으므로, 장소에 맞는 시민참여 체육프로그램을 개발하고 활용하는 것도 시민체육 활성화에 도움이 될 것이다.

· 스포츠 관련 앱을 개발하고 운영함으로써 시민들의 체육활동 참여를 유도할 수 있다. 현재 포스텍에서는 스포츠 지원센터 홈페이지가 이러한 역할을 일부 담당하고 있다.

표 8. 2019년 포항시 체육 관련 행사

순번	행사명	일시	주관	주최
1	제18회 해양경찰청장배 전국요트대회	2019.03.28	-	장량동
2	7.7.7 한마음 상생 걷기 축제	2019.04.27	포항문화관광협회	포항시
3	2019년 경북 해파랑길 걷기 행사	2019.06.01	경상북도 문화관광공사	경상북도
4	제1회 헬시 포항 걷기 대회	2019.06.08	-	남부보건소
5	국제해양 레저 페스티벌	2019.08.17	-	해양수산부, 포항시
6	제16회 포항사랑 연날리기 한마당	2019.10.09	포항CBS	포항CBS
7	2019 하반기 경북 해파랑길 걷기 행사	2019.10.26	경상북도 문화관광공사	경상북도
8	제10회 구룡포 말목장성 달빛산행 축제	2019.11.02	-	구룡포 말목장성달빛 산행축제위원회

표 9. 시 체육회 주관 대회

순번	행사 명	종 목	비 고
1	포항시장기 및 교육장배 초중고 챔피언스 리그	축구, 농구, 배드민턴 등	2년 주기 개최
2	포항시 읍면동 스포츠 왕중왕전	족구, 플라잉디스크 윷놀이, 배드민턴 등	2년 주기 개최
3	포항시 시민체전	줄다리기, 단체 줄넘기, 윷놀이, 400mR 등	2년 주기 개최

표 10. 포항해양스포츠 교육프로그램

순번	강좌 명	수강료	비 고
1	딩기요트	성인 : 60,000원 / 청소년 : 30,000원	2시간 / 4회
2	윈드서핑	성인 : 60,000원 / 청소년 : 30,000원	2시간 / 1회
3	딩기요트(단체체험)	성인 : 20,000원 / 청소년 : 10,000원	2시간 / 1회

표 11. 포항스포츠아카데미 교육프로그램

순번	강좌 명	수강료	비 고
1	건강밴드	10,000원	1시간 / 주 2회
2	골프	40,000원	1시간 / 주 5회
3	다이어트 댄스	10,000원	1시간 / 주 2회
4	라인댄스	10,000원	1시간 / 주 2회
5	에어로빅	10,000원	1시간 / 주 3회
6	요가	10,000원	1시간 / 주 2회
7	탁구	20,000원	1시간 / 주 2회
8	폼롤러	10,000원	1시간 / 주 2회
9	배드민턴	10,000원	1시간 / 주 2회
10	유소년축구	20,000원	1시간 / 주 2회
11	유아체육	5,000원	40분 / 주 2회
12	태보	20,000원	40분 / 주 3회

표 12. 포항시 공공 체육시설

순번	시설명	관리 기관
1	오천 체육문화타운	포항시시설관리공단
2	종합 운동장	포항시시설관리공단
3	포항 체육관	포항시시설관리공단
4	포항 국제클라이밍센터	포항시시설관리공단
5	포항 수영장	포항시시설관리공단
6	시민볼링장	포항시시설관리공단
7	인라인 롤러장	포항시시설관리공단
8	포항 야구장	포항시시설관리공단
9	만인당 (다목적체육관)	포항시시설관리공단
10	뱃머리 테니스장	사설
11	흥해 체육관	포항시시설관리공단
12	국민 체육센터	포항시시설관리공단
13	장량 국민 체육센터	포항시시설관리공단
14	양덕 한마음 체육관	영일만스포츠클럽
15	포항 실내사격장	포항시사격협회
16	연일 우복리 풋살구장	사설
17	오천 문덕 풋살구장	〃
18	대송 풋살구장	〃
19	대송 옥명 풋살구장	〃
20	상대 풋살경기장	〃
21	해도 풋살구장	〃
22	송도 풋살구장	〃
23	송라 풋살구장	〃
24	기계 풋살구장	〃
25	청소년수련관 풋살구장	〃
26	양덕 축구장	포항시축구협회

김성희 金星希

1962년 생. 대구카톨릭대학교에서 박사 학위를 받았으며, 현재 포스텍
인문사회학부 교수로 재직하고 있다. 주요연구 및 관심분야는 움직임과
운동재활 등이고, 현재 대한무용학회 이사로 최근 발표한 논문으로는
"태권도시범단원의 훈련 전 고중량 저항운동 실시가 등속성근기능 및 동적
균형 능력에 미치는 영향"(2021)등이 있다.

포항지역 생활체육 활성화를 위해

생활체육 활용법

생활체육은 일상생활 및 여가를 활용하여 국민의 건강과 체력 증진을 위해 자발적으로 행하는 체육 또는 스포츠 활동이다. 삶에의 의식 수준이 향상되고 건강에 대한 태도와 인식이 변화하면서 발전한 생활체육은 개인의 신체적·정신적·사회적 건강을 증진하려는 목적과 삶의 질 향상 추구라는 복지국가 건설의 목적을 함께 가지고 있다.

이에 생활체육진흥법은 모든 국민은 건강한 신체활동과 건전한 여가 선용을 위하여 생활체육을 즐길 권리가 있고, 생활체육에 관하여 어떠한 차별도 받지 아니하고 평등하게 누릴 수 있어야 하며, 국가 및 지방자치단체는 국민의 생활체육권 보장을 위하여 노력할 의무를 진다고 명시했다.

최근 개인의 삶의 질 향상에 관심이 고조되고 있는 가운데 생활체육 활동 참여는 주 52시간 근로시간 도입, 워라밸(work-life balance) 문화 등에서 매우 중요한 요인으로 다뤄지고 있다. 또한, 생활체육 활동은 건강과 밀접한 관련성을 가지고 있으므로 생활체육 활동 참여 증대를 통한 시민들의 건강한 삶에 관심이 커지고 있다(부산광역시, 2018).

이에 포항시는 시민들의 다양한 생활체육 활동 참여 증대를 위한 체계적이고 다양한 방안을 제시해야 한다. 특히 포항시가 생활체육 도시로 자리매김하기 위해서는 체육활동 참여 증대뿐만 아니라 시설 확충, 생활체육을 통한 스포츠 이벤트 관광 자원화 등 생활체육 시스템 구축에의 다양한 전략을 제시해야 한다.

앞으로 우리가 직면할 사회에서 생활체육의 역할은 점점 중요해진다. 생활체육 활동이 신체 건강 유지에 미치는 긍정적 효과는 89.6% 이상, 정신적 건강 유지에는 88.5% 이상, 일상생활에 미치는 효과는 75% 이상, 삶에 미치는 효과는 85.4% 이상으로 높게 나타나고 있다(문화체육관광부, 2019).

2030년 기준으로 65세 이상 고령 인구가 약 25%에 달하고, 여성의 사회 진출이 증가하면서 건강·육아의 국가 책임이 점점 커지고 있다. 우선 시민의 생활체육 활동 장려를 통해 고령 인구 증가에 따른 의료비 부담을 경감시킬 필요가 있다.

한국보다 일찍 고령 사회를 맞은 일본에서는, 75세 이상 노인

의료비 비중이 전체 국민 의료비의 3분의 1을 넘어서고 있어 이들을 대상으로 본인부담금 비율을 늘리는 방안도 추진 중이다. 시작은 늦었지만 일본보다 빠른 속도로 노인 인구가 늘고 있는 우리나라는 대책 마련이 시급한 실정이다(부산 사상구, 2018).

우리나라 65세 이상 고령 인구의 의료비는 2008년에 10조 5천억 원, 2016년에 25조 원이었는데, 2030년이면 91조 3천억 원에 육박할 것으로 전망된다. 그러므로 고령 인구의 생활체육 활동 참여는 선택이 아닌 필수가 되어 가고 있다.

노인 인구가 증가하고 유아와 아동 인구가 감소하는 추세의 포항시도 이러한 부분에 대한 고려가 특히 필요한 상황이다. 유아 및 아동기의 스포츠 활동을 지자체에서 체계적으로 지원하고, 아이들의 평생 운동 습관 형성을 통한 노후 의료비 감소 효과와 부모의 양육 부담을 경감하며 출산 증가 효과를 기대할 수 있다.

그리고 다문화 인구 증대로 인한 사회갈등 심화, 청년 일자리 감소, 소득 불균형 심화, 세대 간 갈등 심화 등의 문제를 조정할 방안 마련이 필요하다. 특히 다문화 인구 증가 추세의 포항시는 이를 해결하기 위한 정책 마련이 시급한 시점이다. 모든 시민이 일상에서 불편 없이 생활체육 활동을 즐김으로써 개인과 공동체 모두가 건강한 삶을 구현하는 것은 매우 중요하다.

생활체육 활동 참여 증대는 건강 증진의 직접적 효과뿐만 아니라 편리한 참여 환경 조성에 첨단 기술을 활용함으로써 스포츠산업이 혁신적으로 성장하는 데 큰 역할을 하고 있다.

포항시는 제품 제작 공단 등이 밀집해 있어서 체육활동의 참여 증대가 스포츠산업 활성화로 이어질 수 있는 좋은 환경을 가지고 있으므로, 이러한 요인들을 지역 경제 발전 요소로서 적극적으로 활용해야 한다.

사물인터넷, 빅데이터, 인공지능, 로봇 등으로 대표되는 4차 산업혁명 시대의 도래로 노동 및 생활환경이 급격하게 변화하는 지금, 다양한 분야와 융복합이 이뤄지는 체육 관련 시설, 용품, 이벤트, 참여 시스템 등의 발전 방향을 제시하는 것은 큰 의미가 있다. 따라서 현재 상황을 다각도로 살펴 문제점을 해결하며 발전 방향을 제시하는 것이 필요한 시점이다.

1 전국 생활체육 참여 형태 및 현황 분석

전국 생활체육 참여 형태 및 현황 분석으로 포항시의 생활체육 참여 수준 비교 분석에 도움을 줄 수 있다.

생활권 주변 체육시설 인지 및 이용

그림 1을 보면, 생활권 주변에 어떤 체육시설이 있는지 인지하고 있는 비율은 91.8%로 대부분의 사람이 체육시설의 존재 여부를 인지하고 있다는 걸 알 수 있다. 그리고 각종 형태의 체육시설을 이용하고 있는 사람들은 76.1%로, 이용하지 않는 23.8%보다 세 배 정도 많았다. 연령별로 보면 50대 이상은 공공체육시설을 이용하는 경우가 많고, 20~40대는 민간체육시설, 10대는 학교체육시설을 이용하는 경우가 많았다.

그림 1. 생활권 주변 체육시설 인지 및 이용

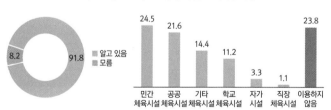

향후 생활권 주변에서 이용을 원하는 체육시설

그림 2. 생활권 주변에서 이용을 원하는 체육시설

(전체, 단위 : %)

연령	민간 체육시설	공공 체육시설	기타 체육시설	학교 체육시설	자가시설	직장 체육시설	이용하지 않는다
10대	8.0	7.3	6.1	51.2	2.4	0.0	25.1
20대	49.8	12.1	7.6	7.1	3.3	1.2	19.0
30대	34.6	21.4	11.3	4.0	2.4	2.9	23.4
40대	29.5	24.7	12.7	4.4	3.9	1.6	23.2
50대	23.2	29.3	14.9	7.5	3.2	1.1	20.8
60대	11.1	28.7	21.2	9.3	4.0	0.2	25.6
70세 이상	1.5	22.4	30.2	8.4	4.0	0.0	33.4

2019년 문화체육관광부 국민생활체육조사

(전체, 단위 : %)

▨▨▨ 1+2+3순위   ─○─ 1순위

	공공 체육시설	민간 체육시설	기타 체육시설	학교 체육시설	자가 시설	직장 체육시설
1+2+3순위	86.6	76.4	65.3	23.5	17.4	5.2
1순위	45.8	28.7	14.0	6.3	3.4	1.7

그림 2를 보면, 향후 생활권 주변에서 이용을 원하는 체육시설 중 1순위로 꼽힌 것은 공공체육시설이었으며 민간체육시설과 기타체육시설이 뒤를 이었다.

생활체육 관련 강좌·강습 경험

그림 3을 보면, 생활체육 관련 강좌·강습 경험자는 29.5%로 그리 높지 않는데, 생활체육 참여율이 높은 종목이 강좌·강습이 별로 필요 없는 걷기, 등산, 자전거 등이기 때문이다. 강좌·강습 종목 top 5는 수영(32.6%), 보디빌딩(22.7%), 요가 등(19.9%), 골프(10.5%), 태권도(8.5%)로 나타났다. 강좌·강습 경험 비율이 낮은 것으로 판단되므로, 생활체육 관련 강좌·강습 참여율을 지속적으로 높이는 게 생활체육 참여율 향상에 긍정적인 영향을 줄 것으로 보인다.

그림 3. 생활체육 관련 강좌·강습 경험

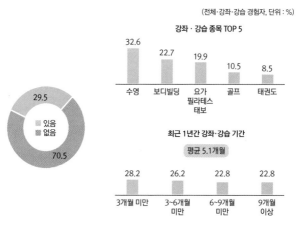

(전체·강좌·강습 경험자, 단위 : %)

강좌 · 강습 종목 TOP 5

최근 1년간 강좌·강습 기간

2019년 문화체육관광부 국민생활체육조사

생활체육 관련 정보 수집 경로

그림 4는 생활체육 관련 정보 수집 경로를 나타내는데, 대중매체를 이용한 경우가 가장 많고 가족과 지인을 통한 경우가 뒤를 이었다. 체육시설 및 지방자치 단체의 홍보는 그다지 높지 않았는데, 생활체육 활동의 참여 증대를 위해서는 지방자치단체 및 체육 단체의 생활체육 정보 및 시설의 적극적 홍보가 필요할 것이다.

그림 4. 생활체육 관련 정보 수집 경로
(2019년 문화체육관광부 국민생활체육조사)

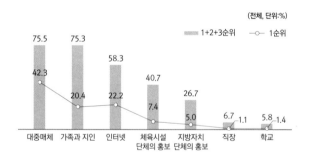

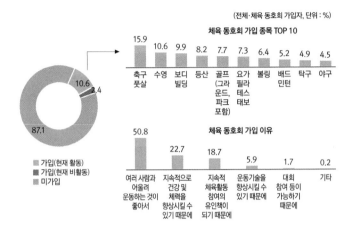

그림 5. 체육동호회 가입 여부 및 활동 현황
(2019년 문화체육관광부 국민생활체육조사)

(전체·체육 동호회 가입자, 단위 : %)

체육 동호회 가입 종목 TOP 10

축구 풋살	수영	보디 빌딩	등산	골프 (그라 운드 파크 포함)	요가 필라 테스 태보	볼링	배드 민턴	탁구	야구
15.9	10.6	9.9	8.2	7.7	7.3	6.4	5.2	4.9	4.5

체육 동호회 가입 이유

여러 사람과 어울려 운동하는 것이 좋아서	지속적으로 건강 및 체력을 향상시킬 수 있기 때문에	지속적 체육활동 참여의 유인책이 되기 때문에	운동기술을 향상시킬 수 있기 때문에	대회 참여 등이 가능하기 때문에	기타
50.8	22.7	18.7	5.9	1.7	0.2

- 10.6
- 2.4
- 87.1

- 가입(현재 활동)
- 가입(현재 비활동)
- 미가입

그림 5는 체육동호회 가입 여부 및 활동 현황을 나타낸 것이다. 체육동호회 가입 비율이 전국적으로 11%를 넘지 않고 있는데, 동호회 활동이 국가나 지자체의 체계적인 관리 속에 있지 않다는 걸 의미한다. 국가와 지자체의 적극적인 노력이 필요하다. 동호회 가입 종목을 보면 축구·풋살이 15.9%로 가장 많고 수영, 보디빌딩, 등산 등이 뒤를 이었다.

그림 6은 향후 가입 희망 체육동호회 및 가입하기를 희망하는 이유를 조사한 것이다. 향후 가입 의사가 없다는 의견이 76.9%로, 가입할 의사가 있는 23.1%보다 3배 정도 높게 나타나고 있다. 체육동호회에 가입할 의사가 없는 정확한 이유를 파악해 대책을 수립해야 할 것이다.

그림 6. 향후 가입 희망 체육동호회 및 희망 이유
(2019년 문화체육관광부 국민생활체육조사)

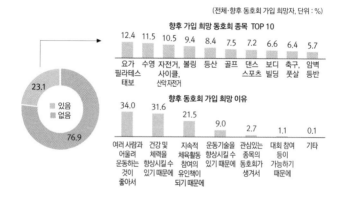

(전체·향후 동호회 가입 희망자, 단위 : %)

향후 가입 희망 동호회 종목 TOP 10

요가 필라테스 태보	수영	자전거, 사이클, 산악자전거	볼링	등산	골프	댄스 스포츠	보디 빌딩	축구, 풋살	암벽 등반
12.4	11.5	10.5	9.4	8.4	7.5	7.2	6.6	6.4	5.7

향후 동호회 가입 희망 이유

여러 사람과 어울려 운동하는 것이 좋아서	건강 및 체력을 향상시킬 수 있기 때문에	지속적 체육활동 참여의 유인책이 되기 때문에	운동기술을 향상시킬 수 있기 때문에	관심있는 종목의 동호회가 생겨서	대회 참여 등이 가능하기 때문에	기타
34.0	31.6	21.5	9.0	2.7	1.1	0.1

있음 23.1
없음 76.9

그림 7은 최근 1년간 참여 경험이 있는 체육활동 상위 10개 종목을 조사한 자료이다. 최근 많이 참여하는 10개 종목 중에서 걷기가 56.7%, 등산이 32.4%이며, 이 두 종목의 합이 89.1%로 압도적으로 높은 비율이다.

그림 7. 최근 1년간 참여 경험이 있는 체육활동 상위 10개 종목
(2019년 문화체육관광부 국민생활체육조사)

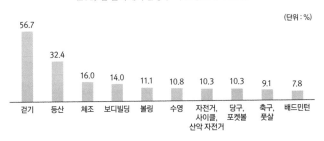

(단위 : %)

(전체, 단위 : %)

구분		걷기	등산	체조	보디빌딩	볼링	수영	자전거·사이클·산악자전거	당구·포켓볼	축구·풋살	배드민턴
성별	남성	49.7	36.9	11.6	19.1	14.3	8.1	15.7	19.0	17.6	7.1
	여성	63.7	27.9	20.5	8.9	7.9	13.6	5.0	1.5	0.5	8.4
연령별	10대	39.5	8.5	15.1	3.2	7.9	12.0	16.5	2.9	33.7	13.8
	20대	46.7	20.9	15.6	22.7	26.1	11.7	15.5	23.2	15.6	7.3
	30대	51.8	29.7	10.7	26.1	19.8	15.0	12.9	16.0	8.4	9.9
	40대	57.5	40.8	10.8	20.4	10.3	10.1	9.9	11.6	5.4	9.9
	50대	62.5	49.7	17.1	8.9	7.2	11.2	8.0	8.1	4.0	6.5
	60대	66.7	43.8	22.1	7.1	1.8	10.7	6.2	3.6	2.3	5.4
	70세이상	70.7	19.3	24.4	1.6	0.3	3.6	3.2	1.2	0.1	1.1

남녀 비율을 보면 걷기, 체조, 수영 등에서는 여성의 비율이 높지만 등산, 보디빌딩, 볼링, 당구, 축구 등에서는 남성의 비율이 높았다.

연령대별로 살펴보면 걷기는 10대에서 70대까지 나이가 많을수록 증가하는 특성이 있으나, 등산은 10대부터 50대까지는 증가하다가 60대부터는 감소하는 특성을 보였다. 걷기보다 등산이 더 과격하고 체력 소모가 크기 때문으로 생각된다.

걷기와 등산을 제외한 종목들은 참여율이 비교적 저조한데, 대체로 강좌·강습을 통해 입문하고 활동할 수 있는 전문성 때문에 접근성이 다소 떨어지기 때문일 것이다. 그러므로 이러한 종목들은 누구나 쉽게 접근할 수 있는 여러 가지 유인책을 마련하는 게 대책일 수 있다.

주로 참여하는 체육활동 참여 시간대

그림 8에 의하면, 주로 참여하는 시간대는 저녁과 오전이다. 타 시간대의 참여자 증대를 위해 프로그램 개발 및 체육활동 지원책이 필요하다.

그림 8. 체육활동 참여 시간대
(2019년 문화체육관광부 국민생활체육조사)

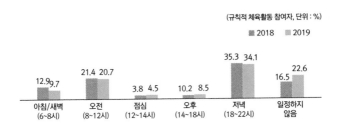

(규칙적 체육활동 참여자, 단위 : %)
■ 2018 ■ 2019

아침/새벽 (6~8시)	오전 (8~12시)	점심 (12~14시)	오후 (14~18시)	저녁 (18~22시)	일정하지 않음
12.9 9.7	21.4 20.7	3.8 4.5	10.2 8.5	35.3 34.1	16.5 22.6

그림 9. 체육활동 참여시 이동 수단
(2019년 문화체육관광부 국민생활체육조사)

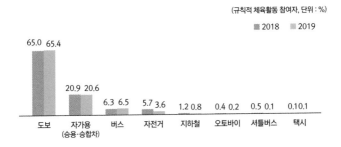

(규칙적 체육활동 참여자, 단위 : %)
■ 2018 ■ 2019

도보	자가용 (승용·승합차)	버스	자전거	지하철	오토바이	셔틀버스	택시
65.0 65.4	20.9 20.6	6.3 6.5	5.7 3.6	1.2 0.8	0.4 0.2	0.5 0.1	0.1 0.1

주로 참여하는 체육활동 참여시 이동 수단

그림 9에 의하면 체육활동 참여 시 주로 도보를 이용한다는
비율이 2018, 2019년 모두 65% 정도로 압도적이었고, 자가용

이 21% 정도로 뒤를 이었다. 정부의 10분 이내 거리 체육활동 참여 정책에서 보듯, 도보를 이용한 체육활동 참여가 가능하도록 인프라를 형성하는 게 매우 중요한 생활체육 활성화 요인이라고 할 수 있겠다.

체육활동 참여 이유

그림 10은 체육활동에 참여하는 이유를 조사한 것이다. 여러 가지 이유 중 건강 유지 및 증진이 43% 정도로 가장 높은 비율로 나타났으며, 여가 선용과 체중 조절 및 체형 관리 등이 그 뒤를 이었다. 특이한 만한 점은, 여가 선용 항목과 자아실현 항목 등이 2018년보다 2019년에 유의미하게 증가한 것이다.

그림 10. 체육활동 참여 이유
(2019년 문화체육관광부 국민생활체육조사)

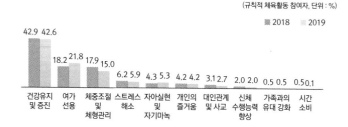

체육활동 참여 촉진을 위한 선행조건

그림 11에 의하면, 체육활동 참여 촉진을 위한 성행 조건으로 체육활동 가능 시간 증가가 42% 정도로 응답 비율이 가장 높았으며, 체육시설 접근성 확대, 소득 수준 증가 등이 그 뒤를 이었다.

그림 11. 체육활동 참여 촉진을 위한 선행조건
(2019년 문화체육관광부 국민생활체육조사)

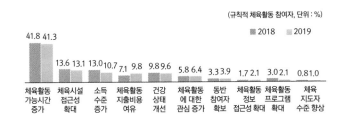

향후 참여 희망 종목(규칙적 체육활동 참여자, 비규칙적 체육활동 참여자)

그림 12와 그림 13에 따르면, 규칙적 참여자와 비규칙적 참여자의 참여 희망 종목에 부분적으로 차이가 난다. 등산, 걷기 등을 희망하는 비규칙적 참여자가 많았는데, 체육활동 정보 부재 및 체육활동 참여 장벽에 대한 두려움 등이 영향을 미치는 것으로 보인다. 이를 해소하고자 정보 제공 및 체육활동 경험 증대 노력이 필요하다고 생각된다.

그림 12. 향후 참여 희망 종목(규칙적 체육활동 참여자)
(2019년 문화체육관광부 국민생활체육조사)

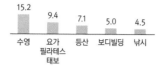

(규칙적 체육활동 참여자, 단위 : %)

시간적 여유 시 참여 희망 종목

수영	요가 필라테스 태보	등산	보디빌딩	낚시
15.2	9.4	7.1	5.0	4.5

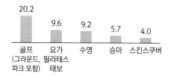

금전적 여유 시 참여 희망 종목

골프 (그라운드, 파크 포함)	요가 필라테스 태보	수영	승마	스킨스쿠버
20.2	9.6	9.2	5.7	4.0

그림 13. 향후 참여 희망 종목(비규칙적 체육활동 참여자)
(2019년 문화체육관광부 국민생활체육조사)

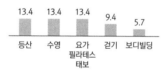

(규칙적 체육활동 참여자, 단위 : %)

시간적 여유 시 참여 희망 종목

등산	수영	요가 필라테스 태보	걷기	보디빌딩
13.4	13.4	13.4	9.4	5.7

금전적 여유 시 참여 희망 종목

골프 (그라운드, 파크 포함)	수영	요가 필라테스 태보	댄스 스포츠	스노우보드 스키
15.6	12.0	11.5	5.3	5.3

② 포항지역 생활체육시설, 프로그램, 지도자 등 분석

포항지역 생활체육시설

[생활체육 시설 개요]

체육시설은 효과적이고 쾌적하며 안전한 운동 활동을 전제로 설치·관리되는 일정한 공간적 범위를 가지는 물적 환경이다. 넓은 의미에서 운동에 필요한 여러 가지 물적 조건을 인공적으로 정비한 시설과 용·기구 및 용품을 포함한 조형물이며, 좁은 의미에서 운동학습을 위한 각종의 장소를 뜻한다.

체육시설은 운동 종목, 시설 형태, 설치 및 운영 주체에 따라 구분된다. 운동 종목에 따른 분류는 국내 또는 국제적으로 행해지는 운동 종목의 시설로서 체육부 장관이 정한다. 시설 형태에 따라 운동장, 체육관, 종합체육시설로 구분된다. 설치 및 운영 주체에 따라 공공체육시설, 민간체육시설, 학교체육시설로 구분된다. 공공체육시설은 전문체육시설, 생활체육시설, 직장체육시설로 나뉜다.

학교체육시설은 초·중·고등학교 등 각 급 학교에서 학교교육 및 체육활동을 위해 설치·운영되는 시설이며, 민간체육시설은 체육단체, 사회복지단체, 종교단체, 민간단체 또는 개인이 그 기관의 고유 목적을 위해 설치·운영하는 비영리 체육시설과 개인,

영리 단체 또는 기업에서 영리 목적으로 설치 및 운영하는 상업용 체육시설이 있다.

체육시설은 또한 '체육시설의 설치·이용에 관한 법률'에 따라 등록 체육시설업과 신고 체육시설업으로 분류된다. 등록 체육시

표 1. 생활체육시설 전개(2003~2018)
(2018년 문화체육관광부 체육시설업 현황)

정부 구분	기준	공공체육 시설현황	체육(등록, 신고) 시설업 현황	증가 추이
참여정부	2003.12.	6,901	43,567	공공체육 4,223 증가 시설업 3,480 증가
	2005.12.	8,717	42,703	
	2006.12.	9,949	43,168	
	2007.12.	10,946	45,800	
이명박 정부	2008.12.	12,342	38,664	공공체육 6,211 증가 시설업 10,622 증가
	2009.12.	13,968	53,851	
	2010.12.	15,179	55,648	
	2011.12.	16,127	56,807	
	2012.12.	17,157	56,422	
박근혜 정부	2013.12.	19,398	56,124	공공체육 7,146 증가 시설업 1,884 증가
	2014.12.	21,317	56,629	
	2015.12.	22,662	55,857	
	2016.12.	24,303	58,321	
문재인 정부	2017.12.	26,927	58,884	공공체육 2,624 증가 시설업 563 증가
	2018.12.	–	–	

설업은 '체육시설의 설치·이용에 관한 법률'에 따라 사업계획의 승인을 받고, 시설을 갖춰 영업을 시작하기 전에 대통령령으로 정하는 바에 따라 시·도지사에게 체육시설업을 등록해야 한다. 신고 체육시설업은 규정에 따른 시설 등을 갖춰 시장·군수 또는 구청장에게 신고해야 한다.

생활체육 시설은 정부의 정책에 따라 변한다. 생활체육의 대중화 실현을 위한 요소 중 시설에 대한 부분을 정부, 시설 기준일, 공공체육시설 현황, 체육(등록 및 신고)시설업 현황, 증가 추이를 중심으로 연도별로 살펴보면 표 1과 같다. 공공체육시설은 이명박, 박근혜 정부에서 증가 폭이 비교적 높았으며, 등록 및 신고된 체육시설업은 이명박 정부 때 압도적으로 증가했다.

[정부의 공공체육시설 지원 현황]

우리나라 체육시설은 1986 서울 하계아시아대회, 1988 서울 하계올림픽대회와 2002 FIFA 한·일 월드컵축구대회, 2002 부산 하계아시아대회 등의 개최를 통한 정부와 민간의 지속적인 투자로 양과 질적인 면에서 괄목할만한 성장을 이뤄 낼 수 있었다.

그러나 대형 종합경기대회 개최를 위한 체육시설 조성은 체육활동에 대한 국민의 다양한 욕구를 충족시키기에는 부족했다. 이에 정부는 국민의 건전한 여가 선용과 건강 증진을 통한 건전한 사회 조성, 생활체육 활동, 선수훈련, 국내·외 경기 개최 등을 위해 지속적으로 생활체육시설과 전문체육시설 확충을 지원하고 있다.

정부는 체계적인 공공체육시설 확충 지원을 통해 생활체육 활성화 기반을 조성하고 지역 간 균형 있는 공공체육 서비스 제공을 위해 생활체육 시설을 지원하고 있다. 생활체육 공간의 확충을 통해 지역주민이 자신의 주거지 인근에서 체육시설을 손쉽게 접하고 편리하게 이용할 수 있도록 하려는 목적이다. 주요 추진 전략은 체육시설 신규조성과 함께 기존 시설 이용의 활성화이며, 현재 국민체육센터, 개방형 다목적학교체육관 등의 시설 확충을 지원하고 있다.

- 국민체육센터

국민체육센터는 수영장을 기본으로 하는 서민형 공공체육시설로 국민건강, 체육 복지증진 및 삶의 질 향상에 이바지하는 데 목적이 있다. 크게 3가지 형태로, 수영장 기본형(수영장, 헬스장, 사우나실, 체력측정실, 다목적실 등), 다목적 체육관형(체육관, 헬스장, 체력측정실, 다목적실 등), 체육관 복합형(수영장, 체육관, 헬스장, 체력측정실, 다목적실 등)이 있다.

1997년부터 시행된 이 사업은 2018년에 생활권형 국민체육센터 모델 개발 및 시범사업을 추진(생활밀착형, 근린생활형)했다. 2018년엔 27개소에 322억 원이 지원되었다. 구체적인 국민체육센터 지원 실적은 표 2와 같다.

표 2. 연도별 국민체육센터 지원 실적
(2018년 국민체육진흥공단 종합업무현황)

(단위 : 억 원)

구분	계	2009년 이전	2010년	2011년	2012년	2013년	2014년	2015년	2016년	2017년	2018년
지원액	7,486	3,379	409	530	548	518	537	484	468	291	322
개소 수	256	138	20	10	10	6	19	11	6	9	27

- 개방형 다목적학교체육관 건립

개방형 다목적학교체육관은 학교용지를 활용한 주민체육관 건립, 학생과 지역주민이 함께 활용할 수 있는 주민 생활체육 시

표 3. 개방형 다목적학교체육관 지원 실적(2009~2018)
(2018년 국민체육진흥공단 종합업무현황)

(단위 : 억 원)

구분	계	2009	2010	2011	2012	2013	2014	2015	2016	2017	2018
지원액	1,456	98	149	133	117	93	113	253	147	133	220
개소 수	246	25	27	25	22	19	21	31	24	23	29

설 조성, 체육 복지에 대한 균등한 기회 제공에 목적이 있다.

2009년 시행된 이 사업은 지자체 인구 규모에 따라 차등(소도시 및 농·어촌 480만 원 이내, 중·대도시 900만 원 이내) 지원하고 있다. 지원 대상은 체육관을 보유하지 않은 초·중·고등학교이며, 선정 주체는 문화체육관광부이다.

표 3에 따르면 개방형 다목적학교체육관은 2009년부터 2018년까지 매년 적게는 19개소, 많게는 31개소까지 꾸준히 증가했다. 10년간 246개소가 증가했으며, 10년간 1456원의 예산이 지원되었다. 2018년에는 전년 대비 6개소가 증가하여 29개소가 운영되었고, 지원액은 전년 대비 87억 원이 증가했다.

표 4는 2017년도 국민체육진흥공단의 체육시설 지원사업 내

표 4. 체육시설 지원 사업

(2017 국민체육진흥공단 종합업무 현황)

사업별	지원액	지원목적
국민체육센터	30억 원 내외	전국 시군구 지자체에 수영장을 기본으로 하는 기본형, 체육관 형, 복합형의 공공체육 인프라를 확충, 지역주민의 건강 및 체육 복지 기반 미련(재정자립도에 따른 차등 지원)
개방형 다목적 학교체육관	4~9억 원	초중고 학교 부지에 실내체육관 건립, 학생과 지역주민이 함께 활용할 수 있는 주민 체육 공간을 확충하여 국민체육 복지 향상(30% 정률 지원)
공공체육시설 개보수	시설별 상이	공공체육시설의 안전 우려 시설 및 노후 시설 개보수와 장애인 편의 시설 설치 등을 통해 체육활동 참여여건 및 경기관람 환경개선(노후 30%, 안전 50%, 장애인 70% 정률 지원)
기초 생활체육 저변 확산	시설별 상이	생활체육 종목별 경기장, 체험센터, 실내체육관 등을 지역별 특성에 맞게 건립하여 국민이 손쉽게 이용하게 함으로써 생활체육 저변 확산

역으로 국민체육센터에 30억 원 내외, 개방형 다목적 학교체육관에 4~9억 원, 공공체육시설 개보수 및 기초 생활체육 저변 확산에는 시설별로 지원액이 다르다는 걸 알 수 있다.

- 등록·신고 체육시설업 현황

그림 14는 등록·신고 체육시설업 현황이다. 당구장, 체육도장, 골프연습장, 체력단련장 순이다.

그림 14. 전국 시도별 등록신고 체육시설업 현황표
(2019년 문화체육관광부 전국 등록신고 체육시설업 현황)

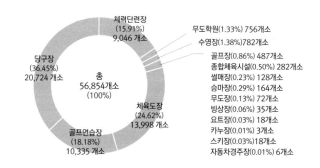

- 포항시 체육시설 현황

표 5는 포항시의 등록 체육시설업 현황으로 골프장 4개소가

표 5. 포항시 등록 체육시설업 현황
(2019년 문화체육관광부 전국 등록신고 체육시설업 현황)

	경북(개소)	포항(개소)	지도자 배치(명)			
			계	1급	2급	3급
골프장	47	4			1	

등록되어 있다. 표 6은 포항시의 신고 체육시설업 현황으로 빙상장 1개소, 승마장 5개소, 종합체육시설 1개소 등 822개소의 체육시설이 신고되어 있다. 표 7은 포항시의 공공체육시설 현황으로 육상경기장 1개소, 축구장 12개소, 야구장 3개소 등 총 39개소가 있다. 이 외에도 유아체육, 농구교실, 축구교실 등의 민간 체육시설이 다수 운영되고 있다.

표 6. 포항시 신고 체육시설업 현황
(2019년 문화체육관광부 전국 등록신고 체육시설업 현황)

	경북(개소)	포항(개소)	지도자 배치(명)		
			1급	2급	3급
합계	3,254	822	3	56	318
요트장	2	-			
빙상장	3	1		1	3

구분							
승마장			21	5			5
종합체육시설			15	1			4
수영장	소계		37	5		4	4
	실내		25	5		4	4
	실외		12	–			
체육도장	소계		797	187	2	19	165
	권투		49	13		3	10
	레슬링		–	–			
	유도		22	7		3	4
	검도		42	9		1	8
	태권도		678	157	2	12	143
	우슈		6	1			1
체력단련장			447	135	1	32	102
당구장			1,167	307			
썰매장			11	–			
무도장			4	–			
무도학원			59	7			
골프연습장	소계		691	169			35
	실내	일반	117	43			1
		병행	101	11			
	실외	일반	86	14			17
		병행	30	11			17
	스크린		357	90			

표 7. 포항시 공공체육시설 현황

공공체육 시설명	경상북도 개소 수	포항시 개소 수
육상경기장	30	1
축구장	66	12
야구장	29	3
테니스장	57	9
구기체육관	27	4
투기체육관	4	–
생활체육관	40	4
게이트볼장	56	1
수영장	25	1
롤러스케이트장	12	1
사격장	4	1
국궁장	17	2
양궁장	1	–
승마장	3	–
골프연습장	4	–
요트장	1	–
빙상장	1	–
기타 (족구, 수상, 클라이밍, 파크골프, 풋살 등)	35	–

포항시는 등록신고 체육시설인 골프장, 종합체육시설, 당구장, 체육도장, 체력단련장, 골프연습장 등을 포함해 826개소를 운영하고 있으며 당구장 307개소, 체육도장 187개소, 골프연습장 169개, 체력단련장 135개소를 중심으로 생활체육 프로그램을 운영하고 있다.

포항시 체육회는 신나는 주말 생활체육 학교를 51개소에서 운영하고 있으며, 시민&야외스포츠를 13개 종목 26개소에서 운영하고 있다. 포항해양스포츠아카데미는 딩기요트, 윈드서핑 등의 프로그램을 운영하고 있으며, 조종면허 시험과 대회 운영 등을 병행하고 있다. 포항스포츠아카데미는 포항종합운동장, 양덕한마음체육관, 흥해실내체육관, 국민체육센터, 뱃머리테니스장, 해맞이정구장, 기타공공체육시설, 학교, 병원, 경로당, 유휴공간 등에서 생활체육 프로그램을 운영하고 있으며, 운영 중인 종목은 탁구, 골프, 배드민턴, 밴드체조, 테니스, 생활지도, 요가, 라인댄스, 정구, 국학기공 , 파크골프, 게이트볼, 축구, 볼링 등이다. 해양스포츠 프로그램은 영일대, 죽천해수욕장, 형산강변 등에서 이뤄지고 있으며, 운영 중인 종목은 윈드서핑, 수상스키, 카약, 조정, 요트 등이다. 영일만스포츠클럽은 골프, 탁구, 배드민턴, 라인댄스, 스쿼시 등의 종목을 운영하고 있다. 포항시

체육회에서 정회원단체 48개 종목, 준회원단체 6개 종목이 활동하고 있으며, 각 종목별 협회 또는 연맹에서 다양한 생활체육 프로그램을 운영하고 있다.

포항지역 생활체육 지도자

[생활체육 지도자]

생활체육 지도자 자격제도는 1986년 2급을 시작으로 1989년부터는 3급, 1995년부터는 1급 생활체육 지도자가 양성되었다. 2015년부터는 지도 분야(전문, 생활)와 대상(생애주기별)을 고려해 자격제도가 개편되었고 전문스포츠지도사(1, 2급), 생활스포츠지도사(1, 2급), 건강운동관리사, 장애인스포츠지도사(1, 2급), 유소년스포츠지도사, 노인스포츠지도사로 자격이 세분화되었다.

생활체육 지도사는 공공체육시설 및 민간체육시설이 증가하고 생활체육 지도사의 배치 및 강사 파견 사업 등 정부와 각 시·도의 정책 변화에 따라 함께 증가했다. 표 8은 정부별, 연도별 생활체육 분야 지도자 양성 현황으로, 국민의 정부에서 36,611명, 참여정부에서 46,998명, 이명박 정부에서 53,246명, 박근혜 정부에서 52,608명, 문재인 정부에서 16,640명이 양성되었다.

표 8. 생활체육 분야 지도자 양성 현황
(2019년 국민체육진흥공단 종합업무현황)

정부별	연도	자격증(명)			계(명)	증가 추이
		1급	2급	3급		
국민의 정부	1998	52	401	5,716	6,169	36,611명 양성
	1999	48	370	9,944	10,362	
	2000	36	404	5,537	5,977	
	2001	40	481	6,064	6,585	
	2002	48	416	7,054	7,518	
참여정부	2003	47	355	6,934	7,336	46,998명 양성
	2004	50	609	8,599	9,258	
	2005	65	448	8,549	9,062	
	2006	61	458	10,114	10,633	
	2007	73	372	10,264	10,709	
이명박 정부	2008	57	375	10,683	11,115	53,246명 양성
	2009	61	369	8,982	9,412	
	2010	70	319	11,211	11,600	
	2011	57	280	10,430	10,767	
	2012	51	290	10,011	10,352	
박근혜 정부	2013	69	343	12,695	13,107	52,608명 양성
	2014	106	497	22,365	22,968	
	2015	건강	1급	2급	계	
		234	185	6,340	6,759	
	2016	284	230	9,260	9,774	
문재인 정부	2017	181	262	6,933	7,376	16,640명 양성
	2018	94	245	8,925	9,264	
계		1,845	9,984	225,117	236,946	

[포항시 생활체육 지도자]

포항시 체육회 일반 지도자 14명, 어르신 지도자 11명, 유소년 지도자 1명, 시민&야외스포츠 교실 강사 16명, 신나는 주말 체육학교 강사 51명이 활동하고 있다.

포항시에 소재하고 있는 등록신고 체육시설업 현황(표 7)에서 지도자 현황은 총 378명이며, 종목별 현황은 골프장 1명, 빙상장 4명, 승마장 5명, 종합체육시설 4명, 수영장 8명, 체육도장 186명, 체력단련장 135명, 골프연습장 35명 등이다. 이외에도 다양한 민간 체육시설에서 많은 생활체육 지도자가 활동하고 있다.

정부의 생활체육 정책과 지역 거점 대학을 통한
생활체육 활성화

■ 생활체육 진흥법

국민의 건강 증진과 삶의 질 향상을 위해 생활체육 활성화는 반드시 필요한 시대적 과제가 되었다. 그러나 전국 17개 시·도에 370만 명의 회원을 보유하고 한해 700억 원의 국가 예산을 집행하며 국민체육 단체로 성장한 국민생활체육회의 위상에도 불구하고 단체 운영에 대한 법적 근거가 없었다.

이에 생활체육 활성화를 위해 필요한 사항을 규정함으로써 생활체육의 기반 조성 및 활성화를 도모하고, 생활체육을 통한 국민의 건강과 체력 증진, 여가 선용 및 복지 향상에 이바지하며, 생활체육과 전문체육의 연계를 강화하여 체육 정책의 통일성을 높이는 데 기여하고자 2015년 3월 27일 생활체육 진흥법이 제정되었다.

■ 정부의 생활체육 정책 변화

생활체육 정책은 정권에 따라 다른 양상을 보이고 있으나, 국민의 체력과 건강 증진, 삶의 질 향상이라는 큰 틀은 변하지 않고 시행되어 왔다. 구체적인 생활체육 정책 변화는 표 9와 같다.

표 9. 생활체육 정책 변화
(2018년 문화체육관광부 국민생활체육진흥기본계획)

정부 구분	사업명	체육 담당부서	정책과제 및 부분별 목표 (민간단체 체육기구)	주요사업(추진내용)
제3 공화국	사회체육진흥 5개년계획	문교부 문화국 체육과	'체력은 국력' (대한체육회 산하 사회체육위원회)	국민체육진흥법 제정(1962년) 사회체육진흥 5개년 계획 지역사회체육과 직장 체육 중심 전개
제5 공화국	새마을운동 (새마을체육)	체육부	'체육을 통한 건전한 시민 육성' 체육 입국 (한국사회체육진흥회)	체육부 신설(1982년 3월) '86, '88 양 대회 준비에 우선 엘리트 체육 집중육성 1985년 한국사회체육진흥회 설립
제6 공화국	국민생활체육진 흥종합계획 (호돌이 계획)	체육 청소년부	시설, 프로그램, 지도자 (국민생활체육협의회)	사회체육 → 생활체육 국민생활체육협의회 신설(1991년 1월) 생활체육 시설 확충 생활체육 프로그램 개발 및 보급 직장 체육프로그램 개발 생활체육 지도자 양성제도 개선
문민 정부	제1차 국민체육진흥 5개년계획	문화 체육 부	생활체육의 범국민적 확산	국민의 체육활동 참여의식 고취 체육활동 공간 확충 생활체육 지도자 양성 국민체육 활동의 체계적 육성 및 지원 국민 건전여가 기회 확대
국민의 정부	제2차 국민체육진흥 5개년계획	문화 관광부	생활체육 참여환경을 구축하여 지역 공동체 중심의 체육활동 여건 조성	지역 공동체 주민활동의 장으로써 체육시 설 확충 미참여 인구의 생활체육프로그램 참여 확대 생활체육 지도인력의 육성 및 활용 국민 체력관리의 과학적 지원 민간 주도적 생활체육 확산
참여 정부	참여정부 국민체육진흥 5개년계획	문화 관광부	생활체육 활성화를 통한 국민의 삶의 질 향상	주민 친화형 생활체육 공간 확충 스포츠클럽의 체계적 육성 체육활동 참여 확대를 위한 다양한 프로그 램 운영 과학적 국민 체력관리시스템 구축 레저스포츠 발전 방안 마련 생활체육 지도인력 양성 및 활용 생활체육 인식 제고 및 추진체제 강화

정부 구분	사업명	체육 담당부서	정책과제 및 부분별 목표 (민간단체 체육기구)	주요사업(추진내용)
이명박 정부	문화 비전 2008~2012	문화체육 관광부	'15분 프로젝트' (신나는 한국인 스포츠로 신명 나는 나라) 체육활동 참여여건 개선 (국민생활체육협의회→ 국민생활체육회: 명칭 변경)	지역스포츠클럽 정착 및 활성화 체육 인력 활용 제고 및 국민 체력 향상 맞춤형 체육 복지 구현 전통무예 지정 및 육성 보급 강화 생활체육 시설의 확충 및 활용 제고 레저스포츠시설, 공간 확충
박근혜 정부	스포츠 비전 2018	문화체육 관광부	손에 닿는 스포츠 '스포츠로 사회를 바꾸다'	2013년을 기준으로 종합형 스포츠클럽(9개소→ 229개소) 수혜 인원(3600명→ 91,600명) 국민 체력인증제 (49,000여 명 → 1,004,000명) 일반, 노인 생활체육 지도자 (2,230명→ 2,730명), 장애인 생활체육 지 도자(230명→ 600명) 작은 체육관(2017년까지 900여 개소) 조성 공공체육시설 장애인 편의 개·보수(400개소) 생활체육 콜센터 (316,800콜→ 4,222,400콜) 체육시설지도 구축(4,000여 개→56,000개) 저소득층 대상 행복 나눔 스포츠 교실 확 대(274개소→ 680개소)
	국민생활체육 진흥종합계획	문화체육 관광부	스마일 100 '스포츠를 마음껏 일상적으로 100세까지'	주 1회 이상 생활체육 참여율 '13년 43.3%에서 '17년 60% 유소년기(유아 기관 및 스포츠 활동 우수 학교 인증제 도입 등) 청소년기(학교스포츠클럽 정착 및 지역 스포츠클럽과 연계시스템 구축 등) 성인기(국민 체력 100 정착 및 종합형 스포츠 클럽 육성 등) 은퇴기 이후(찾아가는 체력관리 및 생활체육 교실 확대 등)
문재인 정부	국민생활체육진 흥기본계획	문화체육 관광부	일상 속의 스포츠	생애주기별 맞춤형 스포츠 지원 강화 생활 속 스포츠의 일상화
			모두가 누리는 스포츠	스포츠 격차 해소를 위한 환경 조성 스포츠 가치 확산으로 건강한 공동체 형성

정부 구분	사업명	체육 담당부서	정책과제 및 부분별 목표 (민간단체 체육기구)	주요사업(추진내용)
문재인 정부	국민생활체육진 흥기본계획	문화체육 관광부	뿌리가 튼튼한 스포츠	스포츠클럽 육성 및 지원체계 구축 스포츠클럽 간 연계 및 리그 확산
			기반이 되는 스포츠	전문적 체육지도자 양성과 지원 수요자 중심 체육시설 및 정보 제공
	스포츠 비전 2030		신나는 스포츠	평생 즐기는 맞춤형 스포츠 프로그램 언제 어디서나 편하게 이용하는 스포츠시설 우수 체육지도자에게 배우는 스포츠 강습
			함께하는 스포츠	우리 동네 스포츠클럽 소외 없이 모두가 함께하는 스포츠 환경 남과 북이 함께 만드는 평화 스포츠 시대
			자랑스러운 스포츠	공정하고 도전적인 스포츠 문화 국격을 높이고 우호를 증진하는 국제스포츠 경제성장을 이끄는 스포츠산업
			풀뿌리 스포츠	민주적 거버넌스

　우리나라 체육 정책은 시대적 환경에 따라 변화하고 있다. 특히, 국가의 경제·사회에 직접적인 영향을 주기 때문에 체육 정책의 정치·경제·사회적 상호 관계를 이해하고 최대한 조화를 이룰 수 있게 설계해야 한다. 우리나라 체육 정책 역시 각 시대의 목적에 맞게 변화되어 왔으며, 정부 차원에서 시행하는 체육 정책은 대외적 정책과 대내적 정책으로 나눌 수 있다.

　우리나라 1980년대 이전의 체육 정책은 '체력은 국력'이라는 구호 아래 체육 진흥을 국민 통합의 원동력이자 국가발전의 기본으로 인식하여, 전국체전 중심의 전문체육 육성에 총력을 기울이며 정부 주도로 체육 정책을 이끌었다.

1980년대 이후는 1982년 프로야구 개막과 함께 1986년 아시안게임 및 1988년 올림픽 등 국제대회를 성공적으로 개최하여 1990년대 국민 체육 진흥을 위한 생활체육을 확대하였으나, 1998년 IMF를 맞아 체육 분야 지원이 대폭 축소되었다.

2000년 이후 국제스포츠경기대회에의 관심과 함께 생활체육을 기반으로 한 복지서비스 개념으로 소외 계층으로 확산하여 국민 모두의 삶의 질과 생활 수준을 향상시키는 결정적 권리로서의 체육 정책을 추진했다.

2018년 '스포츠 비전 2030' 체육 정책은 모든 국민이 스포츠를 즐기며 건강한 삶을 누리고 나아가 스포츠 가치의 사회적 확산을 통한 행복한 공동체 형성을 기조로 삼았다. 개인 차원의 '신나는 스포츠', 공동체 차원의 '함께하는 스포츠', 국가 차원의 '자랑스러운 스포츠', 이를 달성하기 위한 추진 체계로서 민주적 거버넌스를 의미하는 '풀뿌리 스포츠'의 4대 추진 전략으로 제시했다.

스포츠를 모든 국민이 누려야 할 보편적 복지로 규정하고, 국민이 스포츠를 통해 건강한 삶을 이어갈 수 있도록 운동하기 편한 환경을 조성하는 데 중점을 뒀다. 이를 위해 평생 운동 습관의 출발점인 유소년기부터 다양한 정책을 지원하고 2030년까지 국공립 어린이집과 유치원에 체육지도자 파견을 확대한다. 또 스포츠시설은 집이나 직장에서 10분 이내에 접근할 수 있도록 생활권을 기준으로 확충하고, 공원과 마을 공터, 주민센터 등 지역주민이 쉽게 접근할 수 있는 장소에 소규모 실내 스포츠시설 모델을 개발, 보급할 예정이다.

스포츠클럽 시스템의 빠른 정착도 지원한다. 종목별 생활 스포츠 리그대회를 활성화하고, 스포츠클럽과 지역의 학교 간 연계(학교체육시설 활용, 방과 후 체육활동 지원 등)를 확대해 스포츠클럽이 지역 공동체의 구심적 역할을 할 수 있도록 지원한다. 또 보편적 복지로서 스포츠의 가치와 철학에 대한 사회적 합의를 법률로 규정하는 스포츠 기본법을 제정하며 체계성을 갖출 수 있도록 국민체육진흥법 개정도 함께 추진하기로 했다.

평창 동계패럴림픽대회를 계기로 관심이 높아진 장애인 생활 스포츠에 대한 활성화 방안도 추진된다. 장애인 전용 스포츠시설을 대폭 확충하고, 장애인 전용 스포츠시설 건립 단위를 현행 광역자치단체에서 기초자치단체로까지 확대한다. 또 기존 비장애인 스포츠시설도 장애인이 이용할 수 있도록 개선한다.

그 밖에 스포츠 분야의 비리와 부조리를 근절하기 위해 조사 및 징계, 분쟁 조정 등을 관장하는 독립기관 설립을 검토한다.

표 10. '스포츠 비전 2030' 추진 전략 및 핵심 과제
(2018년 문화체육관광부 '스포츠 비전 2030')

추진 전략	10대 핵심과제	25개 세부과제
신나는 스포츠	I. 평생 즐기는 맞춤형 스포츠 프로그램	(1) 3세부터 시작하는 스포츠 활동 습관화 (2) 청소년의 스포츠 경험 다양화 (3) 100세까지 이어지는 스포츠 활동 일상화
	II. 언제 어디서나 편하게 이용하는 스포츠 시설	(4) 일상에서 편리하게 이용하는 스포츠시설 (5) 스포츠시설 및 정보의 체계적 관리
	III. 우수 체육지도자에게 배우는 스포츠 강습	(6) 선수·지도자가 인정받는 사회 여건 조성 (7) 체육지도자 양성·배치 시스템 선진화
함께하는 스포츠	IV. 우리 동네 스포츠클럽	(8) 스포츠클럽 지원체계 개선 (9) 스포츠클럽 생태계의 다양화 (10) 스포츠클럽 기반의 전문선수 육성체계 구축
	V. 소외 없이 모두가 함께하는 스포츠	(11) 소외 청소년을 위한 스포츠 프로그램 지원 (12) 장애인스포츠 서비스 편리성 강화
	VI. 남과 북이 함께 만드는 평화 스포츠 시대	(13) 지속 가능한 남북 스포츠 교류 기반 마련 (14) 남북 스포츠 교류 복원 및 확대
자랑스러운 스포츠	VII. 공정하고 도전적인 스포츠 문화	(15) 스포츠 공정 문화 조성 (16) 선수 육성체계 강화
	VIII. 국격을 높이고 우호를 증진하는 국제스포츠	(17) 국제스포츠 교류 법·제도 기반 공고화 (18) 한국 특성화 국제교류 사업 개발 (19) 전략적 국제교류 확대
	IX. 경제성장을 이끄는 스포츠산업	(20) 스포츠산업 지속성장을 위한 신시장 창출 (21) 국내 스포츠 기업 성장 동력 강화 (22) 스포츠산업 혁신 기반 조성
풀뿌리 스포츠	X. 민주적 거버넌스	(23) 스포츠 복지 실현을 위한 거버넌스 (24) 체육 단체 역량 및 책임성 강화 (25) 미래지향적 법령체계 개편

체육인의 생활 안정과 삶의 질 개선을 위해 사회안전망을 구축하고, 교육 및 훈련 지원 등 자생적 성장을 유도할 법적 근거 마련을 위해 체육인복지법 제정을 추진한다. 또 스포츠산업 혁신을 위해 산업 성장 추세, 기술경쟁력, 고용효과 등을 고려해 5대 전략 분야를 국책과제로 선정해 육성한다.

스포츠 외교 강화를 위해 태권도 분야 리더십을 강화하고, 한·중·일 릴레이올림픽(2018 평창~2020 도쿄~2022 베이징)을 계기로 3국 간 스포츠 교류를 확대해 나간다. 또한, 평창 동계올림픽대회와 동계패럴림픽대회로 시작된 남북 간 스포츠 교류 정례화를 위해 주요 국제대회 남북 공동 입장, 공동 개최 등을 제안했다.

문화체육관광부의 '스포츠 비전 2030(표10)'은 사람을 위한 스포츠, 건강한 삶의 행복을 중심으로 다양한 전략을 제시하고 있으며, 신나는 스포츠, 함께하는 스포츠, 자랑스러운 스포츠, 풀뿌리 스포츠로 구분하여 발전 방향을 제시하고 있다. 시민들의 체육활동 참여 활성화와 생활체육을 육성하기 위한 많은 노력과 전략 들이 포함되어 있다.

③ 지역 거점 대학을 통한 생활체육 활성화

지역 거점 대학의 생활체육 활성화를 위한 역할의 중요한 내용은 크게 3가지로 나눌 수 있다.

첫째는 지역 특성에 맞는 프로그램 개발 보급이다.

지역주민의 연령, 성별, 소득 수준, 운동 참여 수준 등에 적합한 체육활동 프로그램 기획과 개발이 필요하다.

포항시와 대학이 공동으로 지역주민들이 대학 시설을 더 활용할 수 있는 공동 프로그램의 기획 운영이 필요한 시점이다. 미국의 대학들은 캠퍼스 레크리에이션 프로그램을 많이 운영한다. 그중에서 오클라호마 주립대의 프로그램을 소개하면 다음과 같다.

- Competitive Sport – 보통 2~30개 종목 스포츠 경기를 매 학기 리그제로 운영한다. 하루 만에 끝나는 종목도 있고 한 학기 내내 하는 종목도 있다. 지역사회 주민, 대학생들이 다양한 형태로 참여한다.
- Outdoor Adventure – 센터 내에 클라이밍 시설이 있어서 실내 프로그램을 운영하고, 학교에서 좀 떨어진 곳에 챌린지 코스가 있어서 그룹별로 사용 가능하다. 카누, 하이킹, 야영하는 곳도 마련되어 있어서 아웃도어 수업을 병행한다.
- Employee Wellness – 직원과 교수들을 위한 프로그램이다. 새벽에 신체활동 수업을 열기도 하고 세미나도 한다.
- Event – 주, 달별로 있는 행사를 정리해 놓았는데, 누구나 참여할 수 있다.

· Fitness – 퍼스널 트레이너, 요가, 줌바 등 자격증 있는 학생들을 고용해 참여자들을 가르치는 프로그램이다. 이외에도 다양한 프로그램을 운영하고 있다. 지역 대학들이 포항시의 생활체육 프로그램 활성화를 위해 다양한 콘텐츠를 만드는 노력이 필요하다.

둘째는 포스텍 스포츠산업 지원센터 등과 연계한 활동이다.

포항시와 포스텍 스포츠산업 지원센터가 연계한 생활체육 용품 개발 및 보급, 데이터 정보 활용 등의 다양한 생활체육 활성화 정책이 필요하다. 특히 새로운 용품 개발 및 보급은 스포츠 시장에서 새로운 블루오션으로 손꼽히는 영역이라 할 수 있다.

셋째는 생활체육 비참여자들을 위한 적극적인 홍보프로그램 개발이다.

포항시와 지역 거점 대학들이 연계하여 홍보프로그램을 개발해 시민들의 체육활동 참여를 적극적으로 유도해야 한다.

1 체육 행정 조직

표 11은 경상북도와 산하 시·군 체육행정 조직에 종사하는 인원을 나타낸 것이다. 표에 따르면 포항시의 체육행정 조직 관련 인원은 14명으로 구미시 25명, 김천시 23명, 영주시 17명, 상주시 및 경주시 16명 등과 비교해 적은 편이다. 공공체육시설 비율이 상대적으로 낮은 탓도 있지만, 전반적으로 조직 보완과 인력 충원이 필요한 것으로 보인다.

표 11. 경상북도 및 산하 시·군 체육행정 조직

구분		조직	인력					
			행정직	기술직	기능직	별정직	계약직	계
경상북도		문화체육관광국 체육 진흥과 (체육 정책, 체육지원, 장애인체육)	12	1	–	–	–	13
시·군 (23)	포항시	새마을체육산업과 (체육지원팀, 체육시설팀, 스포츠마케팅팀)	7	4	–	–	–	11
		해양산업과(해양레저 팀)	2	1	–	–	–	3
	경주시	문화관광국 체육 진흥과(체육정책팀, 체육지원팀, 스포츠마케팅팀, 체육시설팀)	13	3	–	–	–	16
	김천시	스포츠산업과(스포츠지원 담당, 스포츠마케팅담당, 스포츠시설 운영 담당, 스포츠시설 관리 담당)	13	10	–	–	–	23
	안동시	문화복지국 체육새마을과(체육진흥팀, 스포츠마케팅팀, 체육시설팀)	11	1	–	–	–	12
	구미시	체육진흥과(체육진흥 담당, 시설조성 담당, 스포츠마케팅담당, 체육시설 관리 담당)	12	13	–	–	–	25

시·군								
시·군 (23)	영주시	자치행정국 체육진흥과(체육지원팀, 체육시설팀, 체육시설운영팀 , 실내수영장 TF팀)	12	5	–	–	–	17
	영천시	행정자치국 새마을체육과 (체육행정담당, 체육지원 담당)	5	2	1	–	–	8
	상주시	행복지국 새마을체육과 (체육, 시민운동장 국민체육센터)	7	4	–	–	5	16
	문경시	행복지국 새마을체육과(체육지원 담당, 체육시설 담당, 스포츠마케팅담당)	6	4	1	–	3	14
	경산시	복지문화국 체육진흥과(체육행정팀, 생활체육팀, 체육시설팀, 국민체육센터팀, 경산수영장팀, 도민체전 TF)	13	13	–	–	22	48
	군위군	문화관광과(체육진흥 담당)	3	1	–	–	–	4
	의성군	관광경제국 관광문화과(생활체육계)	3	1	–	–	–	4
		시설관리사업소	–	6	–	–	–	6
	청송군	문화체육과(스포츠마케팅담당)	3	–	–	–	–	3
	영양군	종합시설관리사업소(체육시설 담당)	1	1	1	–	–	3
		자치행정복지국 문화관광과 (체육지원 담당)	3	1	–	–	–	4
	영덕군	자치행정과(스포츠마케팅담당)	3	1	–	–	–	4
		시설관리사업소(체육시설 담당)	–	4	6	–	4	14
	청도군	문화체육시설사업소(체육지원 담당)	3	–	–	–	–	3
	고령군	관광경제국 여성청소년과(체육 담당)	2	1	–	–	–	3
	성주군	새마을체육과(체육진흥담당)	4	–	1	–	9	14
	칠곡군	새마을문화과(체육지원담당)	3	–	–	–	–	3
		체육시설사업소	6	5	1	–	–	12
	예천군	체육사업소(체육진흥팀, 스포츠마케팅팀, 시설관리팀)	11	8	–	–	–	19
	봉화군	새마을일자리경제과(체육진흥담당)	4	–	1	–	–	5

시·군 (23)	울진군	체육진흥사업소(체육지원팀, 시설관리팀, 시설개발팀)	8	6	–	–	–	14
	울릉군	관광경제건설국 관광문화체육과 (체육지원팀)	3	–	–	–	–	3
	소계		161	95	12	0	43	311

② 체육예산

그림 15는 연도별 정부 예산 대비 체 육예산을 나타내고 있는데, 2016년까지 체육예산 비율이 증가하다가 이후로 오히려 감소하는 추세를 보여 준다.

그림 16은 2018년 기준 지방자치단체 체육예산이다. 총예산 대비 체육예산의 비율이 가장 높은 지자체는 2.32%인 울산광역시였고 강원도가 뒤를 이었다. 경상북도는 1.61%로 보통 수준이었다.

그림 15. 정부 예산 대비 체육 예산
(2018년 문화체육관광부 체육백서)

(단위 : 억 원)

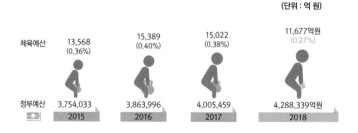

그림 16. 지방자치단체 체육예산(2018년 문화체육관광부 체육백서)

(단위: 백만 원, %)

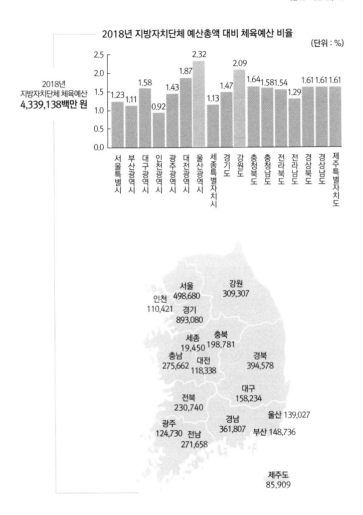

2018년 지방자치단체 예산총액 대비 체육예산 비율

(단위 : %)

2018년
지방자치단체 체육예산
4,339,138백만 원

서울 498,680
인천 110,421
경기 893,080
강원 309,307
세종 19,450
충북 198,781
충남 275,662
대전 118,338
경북 394,578
전북 230,740
대구 158,234
광주 124,730
전남 271,658
경남 361,807
울산 139,027
부산 148,736
제주도 85,909

표 12를 보면 포항시의 체육 관련 예산은 예산 규모나 비율에 있어서 여타 시·도에 비해 긍정적으로 평가된다. 다양한 대회 지원 및 생활체육 프로그램 운영 등에 적절한 예산을 배분하기 때문으로 판단된다. 그러나 체육예산 총괄표를 보면 전문체육 예산이 생활체육 예산에 비해 많은 것을 알 수 있는데. 이는 다른 시·군과 비교했을 때 생활체육 부문 예산이 적은 비율인 것으로 판단된다.

표 12. 기초자치단체 체육예산(2018년 문화체육관광부 체육백서)

(단위: 백만 원)

자치단체명		2018년			2019년		
		자치단체 예산총액(A)	체육예산(B)	비율 B/A×100(%)	자치단체 예산총액(A)	체육예산(B)	비율 B/A×100(%)
경북 (23)	포항시	1,838,730	37,567	2.04	1,669,900	27,932	1.67
	경주시	1,282,817	22,223	1.73	1,222,241	17,930	1.47
	김천시	1,060,100	18,601	1.75	1,006,000	19,684	1.95
	안동시	1,008,400	19,804	1.96	1,027,581	19,881	1.93
	구미시	1,154,234	25,159	2.18	1,082,100	19,048	1.76
	영주시	662,337	15,496	2.34	656,660	10,954	1.67
	영천시	834,805	5,783	0.69	737,011	6,423	1.39
	상주시	728,190	15,815	2.17	841,322	11,642	1.38

	문경시	650,800	12,421	1.91	613,800	14,378	2.34
	경산시	895,000	21,844	2.44	858,000	19,345	2.25
	군위군	337,098	6,653	1.97	323,716	3,013	0.93
	의성군	520,000	8,027	1.54	550,000	4,227	0.77
	청송군	329,945	3,620	0.01	331,800	4,944	1.49
	영양군	299,800	3,835	1.27	280,000	3,293	1.17
	영덕군	456,774	9,813	2.10	410,043	5,518	1.00
경북 (23)	청도군	399,443	1,654	0.41	372,224	1,469	0.39
	고령군	320,316	3,855	1.21	315,454	3,191	1.01
	성주군	495,000	2,427	0.49	450,000	1,954	0.43
	칠곡군	462,600	4,597	0.99	496,600	4,781	0.96
	예천군	408,280	12,826	3.14	430,747	9,709	2.25
	봉화군	458,500	11,725	2.55	499,000	17,679	3.54
	울진군	727,783	45,479	6.24	558,478	10,246	1.83
	울릉군	157,000	1,599	1.02	166,900	2,895	1.73
	소계	15,487,952	310,823	2.01	14,400,577	240,136	1.66

※ 주: 2018년도 자치단체 예산총액 = 국비(일반회계+특별회계+기금)+지방비(시·도비+시·군·구비 등), 일반회계 최종예산
※ 주: 2019년도 자치단체 예산총액 = 국비(일반회계+특별회계+기금)+지방비(시·도비+시·군·구비 등), 일반회계본예산
※ 주: 세종특별자치시는 기초자치단체가 없으므로 기초자치단체 체육예산 항목 부재

표 13을 보면 국제교류에는 예산이 전혀 사용되지 않는 문제점도 보인다. 생활체육 분야에서도 국제교류는 매우 중요한 부분이 되고 있으므로, 코로나 종식 이후 국제교류에 더욱더 적극적으로 나서야 할 것이다.

표 13. 기초자치단체 예산 중 분야별 체육예산 총괄표
(2018년 문화체육관광부 체육백서)

(단위: 백만 원)

자치단체명		생활 체육	전문 체육	장애인 체육	국제 교류	체육시설 (전문, 생활)	공공 체육시설 위탁관리비	직장 운동경기부 운영비	기타	예산 총액1
경북 (23)	포항시	4,043	6,217	203	–	22,510	129	3,347	1,118	37,567
	경주시	589	8,239	381	45	9,488	–	3,151	330	22,223
	김천시	2,136	3,679	50	–	9,202	–	2,880	654	18,601
	안동시	8,089	3,070	342	–	5,504	379	2,420	–	19,804
	구미시	1,464	4,276	276	14	9,157	3,512	4,474	1,986	25,159
	영주시	1,491	1,378	52	–	11,123	–	1,200	252	15,496
	영천시	913	1,842	33	–	2,293	–	702	–	5,783
	상주시	1,802	2,653	126	–	4,300	–	990	5,944	15,815
	문경시	1,670	1,587	27	–	5,672	1,368	1,778	319	12,421
	경산시	7,254	5,686	32	–	5,668	–	2,550	654	21,844
	군위군	733	170	8	–	5,730	12	–	–	6,653

	의성군	367	190	36	–	3,919	–	1,410	2,105	8,027
	청송군	540	560	12	689	900	240	–	679	3,620
	영양군	395	525	12	–	2,057	–	–	846	3,835
	영덕군	1,864	660	10	–	7,279	–	–	–	9,813
	청도군	874	439	30	311	0	–	–	–	1,654
경북 (23)	고령군	1,229	–	14	11	2,601	–	–	–	3,855
	성주군	1286	14	–	–	547	30	520	30	2,427
	칠곡군	705	360	25	–	0	2,747	519	241	4,597
	예천군	850	289	25	80	8,177	23	885	2,497	12,826
	봉화군	1,175	–	–	–	10,550	–	–	–	11,725
	울진군	1,456	2,749	20	–	39,788	347	890	229	45,479
	울릉군	943	–	–	–	656	–	–	–	1,599
	소계	41,868	44,583	1,714	1,150	167,121	8,787	27,716	17,884	310,823

1. 2018년도 자치단체 예산총액 = 국비(일반회계+특별회계+기금) + 지방비(시·도비+시·군·구비 등), 일반회계 체육 분야 최종예산
※ 주 : 세종특별자치시는 기초자치단체가 없으므로 기초자치단체 체육예산항목 부재

❸ 포항 중점 과제 추진

포항 중점 과제 중 하나로 해양레저복합센터 건립이 추진되고 있다. 해수부와 연계하여 해양레저 클러스터 구축 및 관광산업 육성을 통한 신성장 경제 발전이 기대되며, 고속도로와 KTX 등 교통 인프라 확충에 따른 대구·경북권 및 중부내륙 해양레저인

들의 유입으로 지역경제 활성화와 사업추진에 따른 직·간접적인 일자리 창출 등이 기대된다.

해양레저복합센터 건립을 통해 다양한 해양 관련 안전교육체험장, 해양레저창업센터, 해양·수중레저체험장, 씨아쿠아리움 등을 시민들에게 제공할 예정이다. 해양레저복합센터 용지의 규모는 11,000㎡이며, 총사업비는 450억 원으로 예상된다.

생활체육은 1975년 3월 20일 벨기에 브뤼셀에서 개최된 유럽 각국 체육부장관 회의의 '모든 사람을 위한 스포츠 유럽 헌장' 채택 이후 사회 운동과 국가 정책으로 구체화되기 시작했다. 이 헌장에서 스포츠 활동 참여는 모든 사람이 가져야 할 권리임을 최초로 천명했고, 'Sport for All(모든 사람을 위한 스포츠)'이라는 범세계적 생활체육 운동이 활성화되는 계기가 되었다.

'Sport for All'은 아동에서 노인에 이르기까지 모든 사람이 성별, 연령, 인종, 종교에 상관없이 신체 수준을 향상시키고, 건강 증진과 사회적·문화적 발전을 위해 행하는 모든 종류의 스포츠활동 및 신체활동을 범국민적으로 보급·권장·발전시키는 데 기여했다.

이후에는 노인, 여성 및 소외 계층의 생활체육 참여를 유도할 뿐만 아니라 생활체육 환경 개선 등 체육활동에서의 불평등 문제 등이 해소되고 있다(문화체육관광부, 2020). 생활체육은 사회의 다양한 부분과 연결되어 많은 영향을 주고 받고 있는 것이다.

앞에서 살펴본 내용들을 중심으로 포항시의 생활체육 정책 개선방안 및 활성화 전략을 모색하고자 한다.

◼ 포항 생활체육 정책 개선방안

포항시의 체육 관련 인력 확대 필요

포항시의 체육예산 규모, 체육회 활동, 도시 규모 등을 다른 시·도와 비교해 볼 때 체육 관련 인력의 확대가 필요하다.

체육 관련 예산의 생활체육 분야 지원 확대

포항시의 체육 관련 예산은 생활체육 분야에 좀 더 지원이 가능할 것으로 판단된다. 생활체육 관련 프로그램 개발 및 보급, 새로운 종목 확대, 지도자 충원, 국제교류 적극 추진 등의 분야에 더 많은 예산을 지원함으로써 지역주민들의 생활체육 참여율 및 삶의 질 향상에 도움이 될 수 있을 것이다.

생활체육 관련 정보 체계 구축

포항시 홈페이지에서는 생활체육 관련 정보를 찾기가 어려운데, 홈페이지에 체육 관련 정보를 찾기 쉽게 링크해 주면 생활체육을 즐기고자 하는 시민들에게 많은 도움이 될 것이다. 포항시 체육회 홈페이지도 생활체육 관련 정보가 빈약하기는 마찬가지인데 체육시설 정보, 지도자 정보, 프로그램 정보 등을 보강할 필요가 있다. 시민들이 정보를 얻는 양은 생활체육 참여에 크게 영향을 준다는 것을 인식하고 시민들에게 보다 많은 생활체육 정보를 주기 위한 노력이 필요하다고 생각된다.

생활체육 홍보는 규칙적 생활체육 참여자의 지속적인 참여를 도모하고, 비참여자의 생활체육에 대한 관심을 제고해 참여를 촉진시키는 데 목적이 있다. 대한체육회가 7330 운동을 성공적으로 활용하고 있는 것처럼 포항시도 생활체육 참여율 증대를 위한 홍보 전략 마련이 필요하다. 생활체육 참여의 올바른 홍보 전략은 운동 방법에 대한 가이드 제시, 생활체육 향유계층의 양극화 해소, 국민의 체력지수 향상 등에 크게 기여할 것이다.

② 포항 생활체육 활성화 전략

유아와 아동부터 시작하는 체육활동 습관화

유아와 아동 들의 체육활동 경험 증대를 우선적으로 고려해 출산율이 점차 낮아지는 상황에서 미래의 희망인 유아와 아동 들에게 기성세대가 경험하지 못한 다양한 체육활동을 경험하게 하는 것을 주내용으로 한다. 놀이에서 시작한 많은 경험이 건강한 체육활동 참여와 연관된다고 볼 수 있다. 어린이집, 유치원 체육활동 지원 확대가 필요하다. 스포츠 활동 우수 어린이집, 유치원 발굴 및 확산 등이 필요하다.

경력단절 여성 등을 활용한 유아 스포츠 강사 양성 사업 시행 및 배치

체육계열 학과를 졸업하고 경력이 단절된 여성들이 매우 많은 것으로 판단되는데, 이들을 다시 취업시킬 방안으로 유아 스포츠 강사 양성 사업을 시행하고 유소년 스포츠지도사 자격증을 취득하게 하여 유소년 스포츠 지도자로 활용한다.

유아와 아동 들을 위한 지역 스포츠시설 활용 체육활동 영상 제작 및 보급

포항시의 우수한 시설과 종목 중에 2~3가지 종목을 선택하여 유아와 아동 들을 위한 체육프로그램 영상을 제작해, 다른 연령대의 프로그램과 같이 NAVER, DAUM, Youtube 등에 포항시를 홍보하는 데 활용하고 해당 연령층의 운동 프로그램으로 활용하면 좋을 것이다. 인터넷에 직접 운동을 프로그램하고 제작하여 올리는 게 일반화되어 있고, 수익을 창출하는 경제활동으로 자리 잡고 있다.

공원 및 해안 등을 활용한 부모와 함께하는
유아·아동 야외체험 프로그램 기획

기존 시설들을 활용한 재밌는 유아·아동 야외체험 프로그램

운영을 통해 주민들에게 삶의 만족을 제공하고 타 지역주민들이 포항시를 찾을 기회 제공하는 데 목적이 있다. 야외에서 부모와 함께 킥보드 등을 같이 타는 프로그램 등을 통해 다양한 놀이와 신체활동을 제시할 수 있을 것이다.

청소년 스포츠 경험 다양화

[포항시와 보건소 등이 연계해 청소년들의 체력·건강 관련 정보 통합관리]

문체부가 국민의 체력·건강 증진을 위해 체력 상태를 과학적 방법에 따라 측정·평가·운동 처방하는 '국민 체력 100 사업'과 교육부가 학생들의 비만과 체력 저하 방지를 위해 운영 중인 시스템 'PAPS(Physical Activity Promotion System)' 간 연계 체계를 구축한다.

관리 대상 기준을 정하고 일정 수준 이하인 청소년 중에서 희망자를 선발해 포항시에서 직접 육성한 스포츠지도사들이 정기적인 운동 활동을 제공한다. 우수사례를 발굴해 지역 체육활동 활성화의 모델로 활용한다.

[지역 산학관이 연계한 학교스포츠클럽 대회 활성화]

지역 대학 및 대규모 스포츠시설들과 연계해 2~3개 종목을 집중적으로 육성하며, 클럽 대항 대회를 지역 청소년 축제 형태와 연계해 청소년들의 선호도에 맞게 개최한다. 예를 들면, 힙합에 관심이 많은 청소년과 농구를 좋아하는 학생들이 어울려 춤과 농구가 공존하는 대회를 개최하면 시너지 효과가 있을 것이다.

100세까지 이어지는 스포츠 활동 일상화

[스포츠를 통한 장년층의 활력 제고, 노년층의 지속 가능한 운동 참여환경 조성, 국민의 건강 증진을 위한 운동 유인책 마련]

수요자 맞춤형 프로그램 개발 보급으로 스포츠 참여 사각지대를 해소한다. 생애주기별 지속성을 확보하는 측면에서 장년층을 위한 체육활동 활성화 전략은 매우 중요하다. 장년층에게 체육활동이 삶의 일부로 자리 잡게 하고, 노인들이 경로당이나 작은 공간에서 체육활동을 하는 게 아니라 야외 및 넓은 시설에서 체육활동에 적극적으로 참여할 수 있도록 하는 건 매우 중요하다. 직장인 스포츠클럽 리그 활성화 등의 전략이 필요하다. 더불어 직장인들의 체육활동을 적극적으로 장려하기 위한 투자가 필요하다.

스포츠클럽 지원 활성화

[지역 거점 스포츠클럽, 학교스포츠클럽 등에 대한 다양한 이벤트 모델 개발 등의 지원 강화]

시민들이 생활체육에 즐겁게 참여할 수 있도록 스포츠클럽 운영 모델 다양성 확대 및 우수 지도자 확보, 자원봉사자 적극 활용 등의 노력이 있어야 한다. 초·중·고교 방과 후 스포츠 활동 지원을 통해 학교와 지역 스포츠클럽의 연계(프로그램, 지도자)가 강화되어야 한다. 종합형 중심으로 되어 있는 스포츠클럽 모델을 단일종목형으로 발전시키면서, 종목별 구 단위 활동의 활성화에 중점을 두고 운영해야 한다. 지역의 산업구조 및 지리적 특성을 고려한 스포츠클럽 양성이 정부의 방향인 만큼 포항시에서도 해양스포츠, 직장 스포츠클럽 등을 생애주기에 맞게 활성화할 필요가 있다.

타 지역과 연계한 교류 행사 개발

타 지역과의 체육 교류를 시행하는 것도 정부 정책의 일환이다. 경북, 경남, 대구 등의 타 시·도의 구·군들과 특정 종목의 교류 활동을 통해 지역 간 체육 교류를 활성화하는 게 필요하다. 특히 생애주기별로 유소년, 성인, 노인 등으로 구분해 포항시가 가장 많은 활동을 하는 종목을 타 지역과 교류하는 것도 생활체육을 활성화하는 데 좋을 것이다. 하나의 예시로서 일본의 후쿠오카 등과 배구, 농구, 배드민턴 등 다양한 종목의 국제교류 프로그램을 만들어 참여할 수 있도록 한다면, 종목별 체육 단체들이 더욱 활성화될 것이다.

종목별 체육 단체 육성

종목별 체육 단체는 생활체육 동호인클럽의 연합체로서 지역과 클럽 간의 체육 교류 활동을 가능하게 하는 중요한 역할을 담당하고 있다. 또한, 종목 단위의 생활체육 참여 인구를 확대시키는 중요한 단체이기도 하다. 정부는 동호인클럽을 육성하기 위해 종목별 체육 단체를 육성·지원하고 있다. 종목별 체육 단체 육성 사업은 종목 단위의 생활체육 동호인클럽 활동 확산을 지원하여 '국민 1인 1 스포츠 갖기 운동'을 활성화하는 데 목적이 있다. 이 사업은 신규종목별 연합회 결성을 유도하고, 생활체육 동호인의 체력 증진 및 생활체육 참여기회를 확대하기 위해 전국 규모의 대회를 지원하고 있다. 또한, 동호인클럽의 체계적인 관리를 통해 종목별 체육 단체가 재정자립도를 확보할 수 있도록 지원하고 있다.

종목별 체육 단체 지원대상은 국민 생활체육 전국 종목별 연합회 55개 단체(축구, 육상, 배드민턴, 게이트볼, 자전거, 스케이팅, 윈드서핑, 탁구, 테니스, 족구, 배구, 사격, 궁도, 스키, 스킨스쿠버, 볼링, 택견, 생활체조, 풋살, 합기도, 패러글라이딩, 정구, 보디빌딩, 승마, 줄다리기, 야구, 농구, 국무도, 골프, 당구, 검도, 태권도, 국학기공, 등산, 씨름, 인라인스케이트, 낚시, 철인3종, 수영, 우슈, 스쿼시, 종합무술, 라켓볼, 그라운드골프, 파크골프, 줄넘기, 핸드볼, 아이스·인라인하키, 하키,

프리테니스, 플라잉디스크, 피구, 걷기)이며, 주요 지원내용은 종목별연합회의 사무처 인건비 및 운영비 보조, 신규종목별 체육 단체 결성 확대 및 활성화 지원 등이다. 포항시도 적극적인 종목별 체육 단체 육성을 위한 협의체 구성 등의 노력이 필요하다.

종목별 동호인 행사 지원

종목별 동호인 행사 지원은 생활체육 참여자에게 자신이 지닌 기량을 확인할 기회를 제공할 뿐만 아니라 참여자들과의 공정한 경쟁을 통해 만족스러운 경험을 갖도록 하기 때문에 체육활동 참여 유인책으로 효과적이다. 생활체육 참여자들에게 지속적으로 참여 동기를 부여한다는 측면에서 의미가 있다.

학교체육시설 개방 사업

문화체육관광부는 2015년부터 학교체육시설 개방 지원 사업을 시작했다. 학교가 운동장, 체육관 등 기본적으로 좋은 체육시설을 갖추고 있는 데다, 지리적 위치도 좋아 접근성이 뛰어나기 때문이다. 이 사업의 목적은 학교체육시설의 유휴 시간대(야간, 휴일)를 개방해 이용 시설 활용률을 높이고 지역주민의 스포츠 참여기회 및 인구를 확대하려는 데 있다. 이처럼 학생 체육활동의 물적 토대로서의 역할 뿐만 아니라 인근 지역주민의 생활체육 시설로서도 기여하기 때문에, 지역사회의 중요한 체육 인프라로서 중요성을 인정받고 있다. 회원 및 지역주민들이 자유롭게 사용할 수 있도록 하고 해당 학교 학생, 교직원을 위한 프로그램 운영(초·중·고등학생 클럽 육성), 초보자 대상으로 생활체육교실을 운영하여 운동 습관 형성을 유도한다. 포항시도 지역주민의 적극적인 생활체육 참여 유도를 위해 교육청과 협의해 학교체육시설 개방 사업에 많은 노력을 기울일 필요가 있다.

스포츠강좌이용권 지원 사업

표 14와 같이 스포츠강좌이용권은 저소득층 유·청소년의 스포츠 활동 참여 기회 확대 및 건강 증진과 건전한 여가 활동을 통한 삶의 질을 향상 및 사회 통합에 기여해 스포츠 복지사회를 구현하는 것을 목적으로 한다. 2009년부터 시행된 이 사업으로 2018년에 기초생활수급 및 차상위계층 가구, 저소득 한 부모 가정 유·청소년에게 연간 7개월 이상 월 8만 원이 지원되고 있다. 2018년에는 52,129명에게 196억 원이 지원되었으며, 2017년 대비 11,303명이 추가로 스포츠강좌 이용권을 지원받았고 지원액은 22억4천2백만 원이 증가했다. 소외 계층의 체육활동 참여에 많은 도움이 되는 스포츠강좌이용권 추진에 포항시가 관심을 가져야 한다.

표 14. 스포츠강좌 이용권 추진 실적(2009~2018)
(2018 국민체육진흥공단 종합업무현황)

구분	내용	비고
2009 ~ 2010	• (대상) 기초생활수급가구 내 만 7~19세 유·청소년 • (신청절차) 신청→ 지자체선정→ 이용권사용→ 정산(지자체에서 사업자별)→ 관리(지자체, 수기) • (이용권 내용) 매월 체육활동 수강료 6만 원 한도 지원과 연 1회 수강에 필요한 용품 지원 (6만5천 원 한도)	신규
2011	• (대상) 기초생활수급가구 내 만 7~19세 유·청소년 • (신청절차) 홈페이지신청→자격확인(행복e음망)→지자체선정→카드발급→이용권사용→일괄정산→통계관리(전산) • (이용권 내용) 매월 체육활동 수강료 6만 원 한도 지원과 연 1회 수강에 필요한 용품 지원(6만5천 원한도)	카드결제방식
2012	• (대상) 기초생활수급가구 내 만 7~19세 유·청소년 • (신청절차)홈페이지신청→자격확인(행복e음망)→지자체선정→카드발급→이용권사용→일괄정산→통계관리(전산) • (이용권내용)매월 체육활동 수강료 7만 원 한도 지원 • 종목별 차등으로 형평에 문제 대두, 용품 지원 폐지 대신 수강료 1만 원 상향조정	카드결제방식
2013 ~ 2014	• (대상) 기초생활수급가구 내 만 5~19세 유·청소년(연령 확대) • (신청절차)홈페이지신청→자격확인(행복e음망)→지자체선정→카드발급→이용권사용→일괄정산→통계관리(전산) • (이용권 내용) 매월 체육활동 수강료 7만 원 한도 지원	카드결제방식
2015 ~ 2016	• (대상) 기초생활수급·차상위계층·저소득 한부모 가정 만 5~18세 유·청소년(민법개정 반영) • (신청절차)홈페이지신청(실시간자격확인)→지자체선정→카드발급→이용권사용→일괄정산→통계관리(전산) • (지원내용) 매월 체육활동 수강료 7만 원 한도 지원	카드결제방식
2017 ~ 2018	• (대상) 기초생활수급·차상위계층·저소득 한부모 가정 만 5~18세 유·청소년 • (신청절차)홈페이지신청(실시간자격확인)→지자체선정→카드발급→이용권사용→일괄정산→통계관리(전산) • (지원내용) 매월 체육활동 수강료 8만 원 한도 지원	카드결제방식

※ 스포츠관람이용권 이관(2013년, 국민체육진흥공단→한국문화예술위원회)

현재 운영되고 있는 스포츠아카데미 프로그램의 활성화 전략이 필요하다. 포항시를 대표할 수 있는 프로그램들로 이뤄져 있으므로, 시민들의 참여를 좀 더 활성화시키고 타 지역 및 외국과의 교류에서 중추적인 역할을 할 수 있도록 체계화된 운영 및 홍보 전략이 필요하다.

참고문헌

국민체육진흥공단(2018). 2017 국민체육진흥공단 종합업무 현황.

국민체육진흥공단(2019). 2019 국민체육진흥공단 종합업무 현황.

문화체육관광부(2018). 2030 스포츠 비전 : 사람을 위한 스포츠 건강한 삶의 행복.

문화체육관광부(2018). 전국 등록신고 체육시설업 현황.

문화체육관광부(2019). 2018 한국의 체육지표

문화체육관광부(2019). 2019 국민생활체육조사.

문화체육관광부(2019). 2019 전국 등록신고 체육시설업 현황.

문화체육관광부(2020). 2018 체육백서.

부산광역시(2018). 부산광역시 체육발전 종합계획.

사상구(2018). 사상구 체육발전 종합계획.

https://wellness.okstate.edu/

김재훈 金載勳

1978년 생. 계명대학교에서 박사 학위를 취득하였으며, 현재 포스텍
인문사회학부 교수로 재직하고 있다. 주요 연구 및 관심분야는 운동생리학,
운동처방, 트레이닝론이고, 현재 대한운동사협회 이사로 최근에 발표한
논문으로는 "고강도 인터벌 트레이닝이 대학교 조정선수의 체력 및 등속성 근
기능에 미치는 영향"(2021)등이 있다.

스포츠이벤트의
효용성 탐색

스포츠이벤트 효용성이 필요한 이유

세계보건기구(World Health Organization: WHO)는 1986년부터 '건강도시(Healthy Cities)'라는 건강정책 패러다임을 제시하면서 건강도시사업(Healthy City Project) 활성화에 힘을 기울이고 있다. 이에 발맞춰 해외의 많은 국가가 건강도시사업에 초점을 두며 다양한 형태로 건강도시사업에 참여하고 있다(서효민, 2019).

한국도 국민의 생활체육 필요성을 인지해 '스포츠 7330'의 범국민 생활체육 캠페인을 홍보하면서 국민의 건강 및 행복 증진을 도모하고 있다. 대한체육회에서 주관하는 이 캠페인은 일주일에 세 번 이상, 하루 30분 운동을 하자는 취지이며, 국민의 건강을 지키고자 '스포츠 7330' 캠페인을 지원하고 있다. 이처럼 정부의 생활스포츠 지원은 국민의 건강과 삶의 질을 향상시키고자 노력하고 있다.

국민들 역시 건강에 있어서 스포츠의 중요성을 인식하고 다양한 스포츠 활동을 하고 있다. 현대 사회에서 건강에 관심이 높아짐에 따라 스포츠 역시 관심이 증대되고 있으며, 스포츠 제반 활동의 스포츠이벤트을 향한 관심으로 이어지고 있다.

세계적으로 스포츠이벤트 개최에 대한 관심과 열망은 더욱 치열해지고 있다. 국가 및 지역사회의 경제적 활성화뿐만 아니라 사회문화적으로 다양한 이득을 가져오기 때문이다(조우정, 2006). 또한 각종 생산유발 효과뿐만 아니라 전 세계적으로 지역의 인지도를 높일 수 있으며, 스포츠이벤트를 개최하는 국가의 이미지를 향상시킬 수 있다. 국제교류 및 친선도모 등 국제적으로 다양한 긍정적 효과가 나타난다고 보고했다(김경용, 박용범, 1998).

정경희(2000)의 연구에 따르면 스포츠이벤트는 경제적 활성화와 더불어 개최 지역의 주민들에게 있어서 공동체 의식과 지역에 대한 자부심 등 사회적 효과가 발생하며 지역사업 활성화, 관광산업 매개효과 등이 있다.

이형호·정성범(2007)은 지방자치단체의 스포츠이벤트와 지역발전과의 관계를 연구한 결과, 스포츠이벤트는 경제적·정치적·사회문화적으로 지방자치단체의 지역과 주민에 긍정적인 영향을 줬고 지역발전에 기여한 것으로 나타났다.

한성수·김상호·차대규(2009)의 연구에 따르면 강원도 속초지역을 중심으로 스포츠이벤트에 따른 지역경제 효과가 엄청났다. 선수, 임원 및 관계자, 선수가족 및 관중이 소비하는 직·간접적 지출로 인해 발생하는 생산유발효과는 53억으로 추정했으며, 소득유발효과는 약 13억, 총 부가가치유발효과는 약 26억으로 추정했다.

김도훈·김진국(2014)은 스포츠이벤트 개최에 따른 지역사회 기여도와 지역이미지, 스포츠경기 유치의사와의 관계를 살펴본 결과, 스포츠이벤트는 도시홍보효과, 경제적·문화적·환경적 등 지역 이미지에 영향을 미치는 것으로 나타났다.

이러한 연구결과들을 종합해 볼 때 스포츠이벤트의 필요성은 다음과 같다(김주환, 2009).

첫째, 지역사회의 계층과 관계없이 즐겁고 유익한 스포츠 활동의 참여로 여가 만족 및 삶의 질을 향상시킬 수 있다.

둘째, 스포츠이벤트를 통해 지역사회의 물리적 환경을 새롭게 개선할 수 있으며, 공원 및 녹지 공간 등을 재정비해 보다 친환경적인 공간으로 구성할 수 있다.

셋째, 지역주민이 함께 스포츠 활동을 참여함으로써 신체적 성장(신체건강)뿐만 아니라 정서적·사회적 성장을 향상시킬 수 있다.

넷째, 청소년들의 스포츠를 통한 여가활동으로 반사회적 행위를 미연에 방지할 수 있다.

다섯째, 노인, 장애인 등 소외계층에게 다양한 스포츠 프로그램을 제공함으로써 지역사회 활동에 이바지할 수 있다.

여섯째, 지역사회의 스포츠 관련 소비촉진 및 경제적 부가가치를 높일 수 있다.

이처럼 지역사회의 주민 나아가 모든 이들이 함께 참여할 수 있으며, 지역사회의 발전을 향상시킬 수 있다는 이점이 있다. 따라서 전 세계적으로 각 지역에 맞는 스포츠이벤트를 활성화할 필요가 있다.

스포츠이벤트의 개념을 살펴보기에 앞서 이벤트의 개념을 먼저 살펴보자. 이벤트는 매우 다양하고 포괄적인 의미로 사용되고 있다. 사전적 의미로는 불특정 사람들을 모아 놓고 개최하는 잔치, 사건, 행사를 의미하며, 채용식·박재완·김미자(2001)는 이벤트가 단순히 존재하는 게 아니라 사건, 구경거리, 비일상적인 특별활동 등 이슈를 전제로 한 사람을 모으는 행사라고 정의했다.

예전의 스포츠는 낚시, 사냥과 같은 야외에서 행하는 오락만을 지칭했으며 정해진 규칙에 따라 개인 및 단체가 경쟁하는 운동이라고 불렸으나, 스포츠와 운동 경기의 구분에서 큰 의미를 두지 않고 현재는 혼용해 사용되고 있다(다음백과, 2020.6.16.검색).

이벤트와 스포츠의 개념을 결합해 스포츠이벤트의 개념을 정의하면 스포츠를 매체로 하는 이벤트라고 할 수 있다.

학자들의 스포츠이벤트에 대한 개념은 연구 목적 및 연구 방향 등에 따라서 다양하게 제시되고 있다.

Ritchie(1984)는 일정 기간 한 번 개최되거나 정기적으로 개최되는 '스포츠'이벤트이며, 개최로 지역 인지도가 향상되며, 지역 관광자원의 장점을 활용해 경제적 이익을 향상시키는 것으로 개발되었다고 정의했다.

이경모(2002)는 모험·건강·레크레이션·스포츠 등을 통해 건강 및 삶의 질을 향상시키기 위한 프로그램으로, 참여자가 스포츠 관점, 스포츠 강습, 경기 참여 등의 목적으로 모임을 개최하는 것이며 어떠한 목적을 실현시키기 위한 행사 정도로 정의했다.

김경훈(2017)은 스포츠이벤트를 주최하는 지방자치단체, 구단 및 스포츠 단체, 사회 기업, 광고 회사 등을 중심으로 매스미디어와 함께 만들어가는 관람스포츠와 참여스포츠 등 모든 스포츠와 관련된 이벤트로 정의했다.

스포츠이벤트는 기업의 형태, 이벤트의 성격, 스폰서의 종류, 스폰서의 대상, 스포츠이벤트 지역적 범위 등에 따라 다양하게 구분된다.

기업의 형태는 기업주도형과 매체주도형으로 구분된다. 스포츠이벤트의 성격에 따라 관람형 이벤트와 참가형 이벤트로 구분된다. 스폰서십의 종류에 따라 공식후원자, 공식공급업체, 공식상품화권자 등으로 구분된다. 스폰서의 대상에 따라 선수 개인, 팀, 경기대회, 스포츠 단체에 대한 후원으로 구분된다. 스포츠이벤트의 지역적 범위에 따라 세계대회, 지역대회, 국내대회 후원 등으로 구분된다.

표 1. 스포츠이벤트의 구분

구분기준	종류	특성
기업의 형태	기업주도형	기업이 대회 경비의 전부 또는 대부분을 부담함
	매체주도형	매체사가 PR 목적을 위해 개최하는 대회에 개업이 협찬하는 방식
	기타	여러 기업에 의한 공동협찬 형식, 제품기증 형식 Fence 광고 협찬 등
스포츠이벤트의 성격	관람형 이벤트	각종 프로, 아마추어 경기대회 후원 TV 중계 여부가 중요한 요소
	참가형 이벤트	일반시민이 직접 참여하는 대회 후원 시민들의 참여와 호응을 유도할 수 있는 다양한 프로그램과 프로모션이 주요한 요소
스폰서십의 종류	공식후원자	일정액의 금액을 지불하고 휘장을 광고, 판촉에 이용할 수 있는 권리
	공식공급업체	물자나 용역 등을 지원하고 휘장을 판촉할 수 있는 권리
	공식상품화권자	일정액의 금액을 지불하고 휘장을 이용하여 상품을 제조, 판매할 수 있는 권리
스폰서의 대상		선수 개임 / 팀 / 경기대회 / 스포츠 단체에 대한 후원
스포츠이벤트의 지역적 범위		세계대회 후원 / 지역대회 후원 / 국내대회 후원

출처 : 김효명(2010), 재인용

각 지역에서는 지역사회의 발전을 도모하고자 스포츠이벤트를 유치하고자 한다. 지역 진흥을 위한 스포츠이벤트의 유형에 따라 지역 밀착형, 이벤트형, 광역집객형, 이미지 활용형으로 구분할 수 있다. 지역 밀착형은 주로 지역주민이 참가하며, 이벤트형은 타 지역주민의 참가 확대가 특징이다. 광역 집객형은 타 지역주민의 참가를 유도하며, 이미지 활용형은 지역사회의 새로운 스포츠 도입으로 지역 이미지를 향상하고자 한다.

표 2. 지역 진흥을 위한 스포츠이벤트 유형

형태	특징	지역진흥과의 관계	사례
지역 밀착형	주로 지역주민이 참가 지방자치단체는 여건정비와 진흥을 위한 조성작업	교류확대 주민의 지역정체성 확보 건강증진 사업 전개	스포츠 교실, 각종 스포츠 관련 대회 등
이벤트형	스포츠관련 이벤트의 유치 및 개최 지역의 지원사업으로 타 지역주민의 참가 확대	지역의 지명도 향상 지역의 특산물 홍보 미디어 활용도 향상	마라톤 대회, 자전거 대회, 인라인스케이트 대회 등
광역 집객형	고객으로서 타 지역주민의 참가를 유도	스포츠의 지역산업화 지역의 경제 활성화 효과	스키, 골프, 리조트 시설 등
이미지 활용형	new 스포츠의 도입으로 지역 이미지 향상 팀이나 선수의 확보	지역의 홍보 팀의 홍보전략 방안	프로야구, 축구캠프, 유명 팀·선수 확보 등

출처 : 김효명(2010), 재인용

스포츠이벤트를 지역 차원에서 개최하면 다음과 같은 특성을 지닌다.

첫째, 쌍방향성이다. 스포츠이벤트 참가자는 쌍방향 커뮤니케이션의 당사자가 된다. 스포츠이벤트의 커뮤니케이션을 통해 스포츠만이 가지는 감동과 가치를 보일 수 있다.

둘째, 현장성이다. 해당 개최 지역의 장소와 경기 운영 시간에 참여함으로 현장에서 직접 보고 느낄 수 있다. 따라서 현장에서 관람하는 스포츠이벤트는 생동감을 가진다.

표 3. 스포츠이벤트의 특성

특성	내용
쌍방향성	스포츠이벤트의 참여로 쌍방향 커뮤니케이션
현장성	스포츠이벤트의 현장 참여로 생동감
진실성	스포츠이벤트의 계획할 수 없는 진실
사회·문화성	스포츠이벤트의 준비와 참여
보완성	스포츠이벤트의 장기간 효과

셋째, 진실성이다. 많은 이가 스포츠에 열광하는 이유 중에 하나는 각본 없는 드라마와 같다는 것이다. 개인이 응원하는 선수

및 팀으로 상황을 예측할 수 없으며, 승부 역시 예측할 수 없다. 스포츠이벤트를 통해 다양한 상상과 기쁨을 만끽할 수 있다.

넷째, 사회·문화성이다. 지역주민은 스포츠이벤트를 준비하고 참여하면서 선수와 팀을 응원한다. 소속감과 더불어 응원을 통한 승리 기원은 결속력을 더욱 견고하게 만든다.

마지막으로 보완성이다. 스포츠이벤트는 단기간의 효과가 아닌 장기간의 효과가 발생시킨다. 지역 이미지 쇄신, 지역주민의 결속력, 지역의 관광 상품화 등 스포츠이벤트를 통해 지역의 다양한 측면이 보완된다.

스포츠이벤트는 스포츠를 이용해 참가하는 이들의 건강 증진과 긴장 및 스트레스 해소, 기업과 참가자 간의 상호 교류로 기업 이미지를 극대화하는 등 긍정적인 영향을 제공하는 것이다(강상조, 2008).

스포츠이벤트의 파급효과에서 가장 큰 기대를 갖는 것은 바로 경제적 효과이다. 지역사회의 개발 전략 중에서 스포츠이벤트 개최는 상당 부분을 차지한다. 스포츠이벤트 개최로 지역사회는 지역경제 발전뿐만 아니라 지방자치단체의 재정력을 확보할 수 있다.

특히 소비와 투자 지출에 의해 발생하는 생산 활동은 지역사회 경제와 경기 등 경제적 부분에서 핵심 산업으로 제시할 수 있다. 또한 스포츠이벤트 개최로 자국의 관광객뿐 아니라 타 국가의 관광객까지 유치해 지역 경제를 활성화시키고, 스포츠 시설 및 사회간접자본 시설 확충으로 지역사회를 재정비할 수 있는 간접적 효과 역시 기대할 수 있다.

다음으로는 문화적 효과가 제시된다. 스포츠이벤트 개최 시 지역주민은 스포츠이벤트 관람과 스포츠 참여 및 활동 등으로 다양한 여가 생활이 가능해진다. 이러한 스포츠이벤트 활동은 지역주민의 문화적 욕구를 충족하게 하며, 나아가 지역주민의 삶의 질을 향상시킴으로써 스포츠 복지의 또 다른 수단으로 제공된다. 그리고 스포츠이벤트는 사회적 효과까지 발생시킨다.

세 번째로 스포츠이벤트 개최는 지역의 사회적 공동체를 형성하는 수단으로 제공된다. 스포츠이벤트 준비 및 개최 기간 동안 지역주민은 자발적인 참여로 유대감을 향상시킬 수 있으며, 지역에 대한 애착 등 지역사회의 사회적 공감대를 이끌어 나갈 수 있다. 따라서 지역사회의 스포츠이벤트 개최는 지역사회의 성장뿐만 아니라 지역주민의 정체성 확립 등 공동체 의식을 강화시킬 수 있다.

마지막으로 정치적 효과이다. 지방자치단체가 직접 스포츠이벤트를 개최하면 지역사회의 개인뿐만 아니라 집단의 정치적 이익을 증대시키며, 스포츠이벤트를 추진한 자와 지지하는 이들 그리고 추진을 담당하는 정당 등 이미지 및 신뢰도가 높아지며, 정치적 지위를 강화하고 권력을 정당화할 수 있는 계기가 제공된다. 또한 스포츠이벤트 개최는 지역사회를 국내 및 전 세계적으로 홍보함으로써 대외적인 지명도와 세계적인 지위를 도모할 수 있는 긍정적인 효과를 기대할 수 있다.

Ritchie(1984)는 스포츠이벤트가 가지는 6가지 파급효과를 제시했다. 스포츠이벤트로 발생할 수 있는 파급효과를 긍정적인 요소와 부정적인 요소로 나눠 검토했다. 그리고 경제적 측면, 관광상업적 측면, 물리적 측면, 사회문화적 측면, 심리적 측면, 정치적 측면으로 구분했다. 구체적인 파급효과는 다음 표와 같다.

표 4. 스포츠이벤트의 파급효과

파급효과	항목	
	긍정적	부정적
경제적 측면	소비증대, 고용창출	물가상승, 부동산 투기
관광상업적 측면	관광목적지로서의 개최지 인지도 향상 개최지에서의 잠재적 투자와 상업적 활동과 관련된 지식의 증가	부적절한 시설 혹은 이벤트 수행의 결과로 부정적인 평판 획득 지역의 권력을 위한 새로운 경쟁과 정부의 보조 때문에 기존 기업으로부터의 부정적 반응
물리적 측면	새로운 시설의 건축 지역 기반시설 향상	환경훼손 과잉혼잡
사회문화적 측면	이벤트와 관련한 지역의 관심과 참가의 지속적인 수준의 증가 지역 전통과 가치 강화	개인적 혹은 사적인 활동의 상업화 관광에 적용된 이벤트/활동 본질의 변형
심리적 측면	지역 자긍심과 공동체 정신의 강화 방문객에 관한 지식 증가	주최지역에 대한 방어적인태도 경향 오해로 비롯된 지역민과 방문객 간의 적개심 유발 가능성
정치적 측면	지역과 지역 가치의 국제적 인지도 증가 주민이나 정부에 의한 정치적 가치의 증식	정치적 엘리트의 야심을 채우기 위한 지역민의 경제적 노동력의 착취 축제일의 정치적 시스템의 가치반영으로 인한 이벤트의 본질 왜곡

스포츠이벤트는 전 세계 여러 지역에서 유치하고자 한다. 하여, 치열한 유치경쟁의 경쟁력 결정요인을 살펴보고자 한다.

우선 살펴봐야 할 부분은 지역의 경쟁력이다. 지역의 경쟁력은 과거로부터 이어져 온 사회문화적·경제적·환경적 기반과 함께 지역에 있어서 활동주체가 되는 지역주민, 지역에 기반을 둔 기업 및 회사 그리고 지방자치단체의 역량과 지역의 자연적·인위적 환경 등에서 나온다(김효명, 2010).

지역사회의 스포츠이벤트 유치 경쟁력 역시 지역의 스포츠산업 인적 네트워크 및 물리적 네트워크, 지역의 스포츠 산업 관련 기업 및 단체, 지방자치단체의 역량 그리고 지역주민의 원동력, 기타 주변의 환경에서 비롯되는 것이다.

문화관광부(2007)의 '스포츠산업진흥시설 지정 및 효율적 운영방안 연구'에 따르면 스포츠이벤트의 결정요인으로 일반 환경, 스포츠인력 환경, 공공체육 환경, 민간스포츠 환경 등이 있다. 일반 환경에는 산업 환경과 제도 환경, 스포츠인력 환경에는 교육기관 지원과 인력 자원이 있다. 공공체육 환경에는 공공 체육과 참여 스포츠, 민간스포츠 환경에는 기업 자원, 민간시설 그리고 관람스포츠가 있다.

표 5. 스포츠이벤트 유지 경쟁력 결정요인

대분류	중분류	지수
일반 환경	산업 환경	지역인구
		인구증가율
	제도 환경	지역 제조업 종사자
		재정 자립도
스포츠인력 환경	교육기관 자원	연간 예산
		지역 스포츠 관련 대학 수
		지역 스포츠 산업학과 수
	인력 자원	2급 생활체육지도자 수
		3급 생활체육지도자 수
		스포츠경영관리사 수
공공체육 환경	공공체육	공공체육시설수
		지자체 스포츠 분야 예산
	참여 스포츠	참여 종목 수
		동호회 수
		참여인 수
		생활체육 참여현황
민간스포츠 환경	기업 자원	지역 스포츠용품업 종사자 수
		지역 스포츠시설업 종사자 수
		지역 스포츠서비스업 종사자 수
	민간시설	등록 체육시설
		신고 체육시설
	관람스포츠	프로 스포츠구단 수
		관람 스포츠 현황

출처 : 문화관광부(2007) 재인용

█ 전국종합대회, 동계체육대회 및 소년체육대회 순위 및 결과

스포츠이벤트 대회 개최에 앞서 고려할 사항은 포항을 포함한 경북의 전국종합대회, 동계체육대회, 소년체육대회 결과이다. 경북 스포츠의 현 시점을 보여 준다.

표 6. 전국체육대회 메달 결과

구분	2019	2019	2019	2019
	금메달	은메달	동메달	계
전체	994	985	1,346	3,325
강원	50	64	87	201
경기	139	131	118	388
경남	59	61	82	202
경북	79	79	117	275
광주	46	53	78	177
대구	54	46	80	180
대전	50	53	62	165
부산	51	51	78	180
서울	128	126	144	398
세종	7	5	9	21
울산	51	35	54	140
인천	58	57	98	213
전남	38	49	60	147

전북	46	44	77	167
제주	26	14	34	74
충남	51	51	82	184
충북	61	66	86	213
충북	25	35	48	108

출처 : 대한체육회 체육통계 홈페이지

표 7. 동계체육대회 메달 결과

구분	2019 금메달	2019 은메달	2019 동메달	2019 계
전체	264	257	253	774
강원	43	45	48	136
경기	95	74	69	238
경남	1	2	5	8
경북	7	5	7	19
광주	0	2	0	2
대구	8	12	9	29
대전	1	0	5	6
부산	3	12	9	24
서울	53	56	48	157
세종	4	1	1	6
울산	2	1	3	6
인천	11	10	13	34
전남	3	4	4	11
전북	21	21	21	63
제주	0	0	0	0
충남	10	7	5	22
충북	2	5	6	13

출처 : 대한체육회 체육통계 홈페이지

표 8. 소년체육대회 메달 결과

구분	2019 금메달	2019 은메달	2019 동메달	2019 계
전체	487	480	649	1,616
강원	25	33	44	102
경기	74	63	79	216
경남	33	21	40	94
경북	39	33	49	121
광주	18	14	27	59
대구	28	23	40	91
대전	16	13	22	51
부산	25	17	31	73
서울	68	71	68	207
세종	2	4	3	9
울산	13	19	29	61
인천	21	44	52	117
전남	26	23	25	74
전북	32	25	30	87
제주	16	12	20	48
충남	26	30	42	98
충북	25	35	48	108

출처 : 대한체육회 체육통계 홈페이지

표 9. 전국체육대회순위 결과

구분	2019 2010년 ~ 2019년 1위	2019 2010년 ~ 2019년 2위	2019 2010년 ~ 2019년 3위	2019 2010년 ~ 2019년 4위	2019 2010년 ~ 2019년 5위	2019 2010년 ~ 2019년 6위	2019 2010년 ~ 2019년 7위	2019 2010년 ~ 2019년 8위
서울	1	4	5	0	0	0	0	0
부산	0	0	0	0	1	4	2	2
대구	0	1	0	0	0	0	1	0
인천	0	0	1	0	2	2	4	1
광주	0	0	0	0	0	0	0	0
대전	0	0	0	0	0	0	0	0
울산	0	0	0	0	0	0	0	0
세종	0	0	0	0	0	0	0	0
경기	9	1	0	0	0	0	0	0
강원	0	1	0	0	0	0	0	2
충북	0	1	0	0	0	1	0	4
충남	0	1	0	1	0	3	3	1
전북	0	0	1	0	0	0	0	0
전남	0	0	0	0	0	0	0	0
경북	0	0	1	6	3	0	0	0
경남	0	1	2	3	4	0	0	0
제주	0	0	0	0	0	0	0	0

출처 : 대한체육회 체육통계 홈페이지

표 10. 동계체육대회 순위 결과

구분	2019 2010년 ~ 2019년 1위	2019 2010년 ~ 2019년 2위	2019 2010년 ~ 2019년 3위	2019 2010년 ~ 2019년 4위	2019 2010년 ~ 2019년 5위	2019 2010년 ~ 2019년 6위	2019 2010년 ~ 2019년 7위	2019 2010년 ~ 2019년 8위
서울	0	8	2	0	0	0	0	0
부산	0	0	0	0	10	0	0	0
대구	0	0	0	0	0	9	1	0
인천	0	0	0	0	0	0	1	3
광주	0	0	0	0	0	0	0	0
대전	0	0	0	0	0	0	0	0
울산	0	0	0	0	0	0	0	0
세종	0	0	0	0	0	0	0	0
경기	10	0	0	0	0	0	0	0
강원	0	2	8	0	0	0	0	0
충북	0	0	0	0	0	0	1	3
충남	0	0	0	0	0	0	0	0
전북	0	0	0	10	0	0	0	0
전남	0	0	0	0	0	0	1	3
경북	0	0	0	0	0	1	6	1
경남	0	0	0	0	0	0	0	0
제주	0	0	0	0	0	0	0	0

출처 : 대한체육회 체육통계 홈페이지

② 실업 시도별 등록

시도별에 따른 실업팀의 선수와 팀 그리고 지도자의 통계를 제시한다. 지역 스포츠팀의 현황을 보여 주며 스포츠 육성 자료로 활용할 수 있다.

표 11. 실업 시도별 등록 통계

구분	2019 선수	2019 팀	2019 지도자	2019 계	2018 선수	2018 팀	2018 지도자	2018 계
서울	123	21	26	170	102	19	24	145
부산	45	11	13	69	52	12	12	76
대구	66	10	13	89	63	9	14	86
인천	128	15	27	170	124	15	28	167
광주	34	6	10	50	34	7	8	49
대전	24	4	6	34	15	3	8	26
울산	40	8	12	60	40	9	12	61
세종	0	0	0	0	0	0	0	0
경기	990	154	171	1,315	1,366	196	171	1,733
강원	160	32	39	231	159	31	34	224
충북	169	27	34	230	151	26	30	207
충남	177	23	37	237	166	21	31	218
전북	76	17	20	113	81	16	21	118
전남	149	30	36	215	148	29	31	208
경북	307	44	62	413	307	41	55	403
경남	168	23	37	228	160	26	33	219
제주	28	5	8	41	24	5	10	39

출처 : 대한체육회 체육통계 홈페이지

❸ 생활체육동호인 종목별 시도별 선수

시도별 생활체육동호인 종목별로 선수 통계를 제시한다. 포항 및 경북 생활체육동호인의 스포츠 관심과 흥미를 살펴볼 수 있다.

표 12. 생활체육동호인 종목별 시도별 선수 통계

구분	2019 총계 남자	2019 총계 여자	2019 총계 계	2019 경북 남자	2019 경북 여자	2019 경북 계
검도	126	27	153	0	0	0
게이트볼	0	0	0	0	0	0
골프	0	0	0	0	0	0
공수도	0	0	0	0	0	0
국학기공	0	0	0	0	0	0
궁도	21	3	24	0	0	0
그라운드골프	147	90	237	24	9	33
근대5종	0	0	0	0	0	0
농구	85	4	89	0	0	0
당구	0	0	0	0	0	0
댄스스포츠	0	0	0	0	0	0
라켓볼	0	0	0	0	0	0
럭비	66	28	94	0	0	0
레슬링	0	0	0	0	0	0
롤러	873	610	1,483	58	40	98
루지	0	0	0	0	0	0

바둑	15	36	51	0	0	0
바이애슬론	0	0	0	0	0	0
배구	3	0	3	0	0	0
배드민턴	0	0	0	0	0	0
보디빌딩	505	83	588	24	5	29
복싱	43	10	53	2	0	2
볼링	384	317	701	7	9	16
봅슬레이, 스켈레톤	0	0	0	0	0	0
빙상	707	745	1,452	32	20	52
사격	292	45	337	0	0	0
산악	76	50	126	0	0	0
세팍타크로	10	7	17	0	0	0
소프트테니스	0	0	0	0	0	0
수상스키, 웨이크보드	4	7	11	0	0	0
수영	1,397	861	2,258	16	12	28
수중 핀수영	2,216	1,164	3,380	61	33	94
스쿼시	123	57	180	1	1	2
스키	80	21	101	0	0	0
승마	0	0	0	0	0	0
씨름	23	10	33	0	0	0
아이스하키	133	8	141	0	0	0
야구, 소프트볼	163	0	163	0	0	0
양궁	0	0	0	0	0	0
에어로빅						
역도	67	11	78	1	0	1
오리엔티어링	9	7	16	2	0	2
요가	0	0	0	0	0	0

요트	0	0	0	0	0	0
용무도	0	0	0	0	0	0
우슈	27	67	94	0	0	0
유도	0	0	0	0	0	0
육상	612	1,380	1,992	36	71	107
이스포츠	0	0	0	0	0	0
자전거	1	0	1	0	0	0
조정	604	240	844	21	7	28
족구	0	0	0	0	0	0
주짓수	0	0	0	0	0	0
줄넘기	0	0	0	0	0	0
줄다리기	0	0	0	0	0	0
철인3종	0	0	0	0	0	0
체조	0	0	0	0	0	0
축구	0	0	0	0	0	0
치어리딩	1	0	1	0	0	0
카누	0	0	0	0	0	0
카라테	10	10	20	0	0	0
카바디	0	0	0	0	0	0
컬링	2	1	3	0	0	0
크라쉬	0	0	0	0	0	0
크리켓	0	0	0	0	0	0
킥복싱	0	0	0	0	0	0
탁구	577	493	1,070	41	42	83
태권도	316	104	420	2	1	3
택견	22	13	35	0	0	0
테니스	216	73	289	0	0	0

특공무술	0	0	0	0	0	0
파워보트	0	0	0	0	0	0
파크골프	199	133	332	51	25	76
패러글라이딩	12	0	12	0	0	0
펜싱	0	0	0	0	0	0
플라잉디스크	0	0	0	0	0	0
플로어볼	221	192	413	0	0	0
피구	0	0	0	0	0	0
하키	265	111	376	10	14	24
합기도	5	4	9	0	0	0
핸드볼	0	0	0	0	0	0

출처 : 대한체육회 체육통계 홈페이지

4 시도별 학교팀 등록

시도별 학교팀 등록 현황을 보여 준다. 해당 지역의 스포츠 발전 및 인재 육성을 확인할 수 있다.

표 13. 시도별 학교팀 등록 통계

구분			2019	2018	2017
			학교팀수	학교팀수	학교팀수
시도	전체	전체	19,546	18,806	18,259
시도	서울	서울	2,608	2,489	2,391
시도	부산	부산	1,069	1,089	1,049

시도	대구	대구	922	870	856
시도	인천	인천	1,121	1,012	979
시도	광주	광주	649	640	621
시도	대전	대전	599	564	567
시도	울산	울산	512	476	468
시도	세종	세종	218	190	167
시도	경기	경기	4,042	3,899	3,628
시도	강원	강원	1,117	1,062	1,088
시도	충북	충북	857	846	858
시도	충남	충남	890	948	920
시도	전북	전북	953	888	823
시도	전남	전남	804	768	754
시도	경북	경북	1,130	1,084	1,065
시도	경남	경남	1,270	1,254	1,255
시도	제주	제주	524	494	488
시도	시도 없음	시도 없음	261	233	282
종별	고등부	고등부	3,593	3,614	3,536
종별	대학부	대학부	1,154	1,208	1,215
종별	미지정	미지정	365	400	717
종별	중등부	중등부	4,990	4,831	4,583
종별	일반부	일반부	3,208	3,278	3,243
종별	초등부	초등부	6,236	5,475	4,965
소속	동호회	동호회	1,230	684	715
소속	운동부 및 클럽	미지정	3,358	3,237	3,253
소속	운동부 및 클럽	운동부(학교, 직장)	11,365	11,298	10,505
소속	운동부 및 클럽	클럽, 체육관 등	3,593	3,587	3,786

출처 : 대한체육회 체육통계 홈페이지

문화체육관광부 한국체육과학연구원에서 연구한 '유치희망
도시를 위한 국제대회 유치 가이드'를 참조했다.

첫째 이전 개최도시와 국제체육연맹에 연락해 대상 대회의 정보(대회
  요건, 대회의 이익, 대회개최 비용 및 리스트)를 사전에 잘 파악
  했는지?

둘째 과거 대회의 개최 주체로부터 대회 파급효과 정보를 파악했는지?

셋째 정부 지원을 받을 수 있는 대회인지?

넷째 국제체육기구가 정한 개최 주체의 의무 정보를 파악했는지?

다섯째 성공적 대회 개최에 요구되는 재정·시설·숙박시설 등을 갖추
  고 있는지?

여섯째 유치경쟁에서 이길 국제적 영향력을 갖추고 있는지?

일곱째 유치경쟁, 대회 개최 과정에서 도움을 줄 집단이 있는지?

여덟째 유치준비 시간이 넉넉한지?

아홉째 유치 및 개최 준비를 담당할 인력이 있는지?

열 번째 실패 가능성에 대한 대안을 마련하고 있는지?

다음 표는 포항시에서 사전 점검 항목을 활용하고자 재구성했다.

표 14. 사전 점검 항목 체크리스트

연번	점검 항목	체크 항목		
1	이전 개최도시와 국제체육연맹에 연락해 대상 대회의 정보를 사전에 잘 파악했는지?	상	중	하
2	과거 대회의 개최 주체로부터 대회 파급효과에 대한 정보를 파악했는지?	상	중	하
3	정부 지원을 받을 수 있는 대회인지?	상	중	하
4	국제체육기구가 정한 개최 주체의 의무 정보를 파악했는지?	상	중	하
5	성공적 대회 개최에 요구되는 재정·시설·숙박시설 등을 갖추고 있는지?	상	중	하
6	유치경쟁에서 이길 국제적 영향력을 갖추고 있는지?	상	중	하
7	유치경쟁, 대회 개최 과정에서 도움을 줄 집단이 있는지?	상	중	하
8	유치준비 시간이 넉넉한지?	상	중	하
9	유치 및 개최 준비를 담당할 인력이 있는지?	상	중	하
10	실패 가능성에 대한 대안을 마련하고 있는지?	상	중	하

현재 포항은 경북과 함께 경북도민체전, 경북도민생활대축전, 경북학생체전, 해변마라톤 등을 스포츠이벤트로 운영하고 있다. 하지만 이 중에서 포항시를 대표할 만한 스포츠이벤트는 전무하다. 앞서 살펴본 바와 같이 스포츠이벤트로 포항시를 전국뿐만 아니라 세계적으로 홍보할 수 있으며, 경제적 효과로도 연결될 수 있다. 또한 지역사회 발전의 발판을 마련할 수 있다. 따라서 포항시는 전국 규모의 스포츠이벤트, 나아가 세계적인 스포츠이벤트를 준비하고 개최해야 한다.

포항시의 스포츠이벤트 방향은 지역적 강점을 최대한 활용해 해양스포츠이벤트가 적절하다. 포항시는 대한민국에서 가장 아름다운 일출의 명소로 알려져 있으며 천혜의 영일만과 형산강을 보유하고 있으므로, 우리나라를 대표하는 해양스포츠의 메카로 자리 잡을 수 있다. 포항시는 해양스포츠 체험공간으로 포항해양스포츠 아카데미를 운영하고 있으며, 9피트 서핑 15대, 10피트 서핑 15대, 딩기요트 중에서 피코 15대, Tera 5대, 옵티미스트 15대, LDC2000 30대를 보유하고 있다. 윈드서핑은 보드 10대, 세일 10대를 보유하고 있다.

해양스포츠 아카데미를 적극 활용해 일반 국민들이 평소 접하기 어려운 해양스포츠의 저변을 확대하여, 건전한 여가 선용 및 평생 체육 기반 조성으로 선진국형 복지체육을 구현할 수 있을 것이다. 또한 해양스포츠 아카데미를 통해 포항의 해양스포츠이벤트 대회를 개최함으로써 포항을 적극적으로 홍보할 수 있다. 지역사회 화합의 밑거름, 나아가 한국을 대표하는 해양스포츠이벤트 대회로 자리매김이 필요하다.

현재 포항시는 포항만의 창조적 정체성과 잠재력으로 'GLORY POHANG'이라는 비전을 갖고 포항시의 미래를 이끌어갈 지속성장가능 시스템을 갖추고자 한다.

그림 1. 〈 포항비전 2030 〉 글로벌 포항비전 2030년 미래상

이러한 목표 아래 포항시는 4가지 핵심과제를 준비하고 있다. 경제가 살아 있는 도시, 사람이 모이는 도시, 삶이 풍요로운 도시, 공간이 빛나는 도시이다. 이 중에서 공간이 빛나는 도시는 스포츠이벤트와 큰 연결 고리를 가지고 있다.

포항이 스포츠이벤트의 효용성을 가지기 위해서는 몇 가지 고려해야 할 부분이 있다.

그림 2. 포항의 핵심과제

강소기업 육성 선업구조 다각화로 **경제가** **살아있는 도시**	철강산업 주도의 제조업 중심의 도시에서 산업구조 다각화를 지향 포항형 강소기업 육성·유치·지원·인프라 조성 첨단산업과 융합을 통한 철강산업의 구조고도화 및 고부가가치 창출을 위한 기반 마련 경쟁력 있는 창조 농어업 인프라 조성 동해안의 신재생에너지 거점 조성
물류와 문화관광 활성화로 **사람이** **모이는 도시**	환동해시대의 물류중심 도시로서의 위상 강화 포항시 지리적 이점과 지역 자원인 강과 바다를 활용한 해양산업 중심지로 육성 지역의 역사·문화 자원의 산업화 및 관광산업과의 연계를 통한 문화관광도시 조성 천혜의 자원인 해양자원을 활용하기 위한 수변환경 조성
촘촘한 복지 창의적인 인재육성으로 **삶이** **풍요로운 도시**	마을공동체조성 / 도시환경 및 주거환경을 정비하여 활력 넘치는 도시조성 지역적 격차와 정보·지식격차를 해소하기 위한 교육 및 복지환경 조성 어린이·천년·여성·장애인 등 모든 계층의 맞춤형 복지환경 조성 교육 기회와 자기 개발 환경 제공으로 평생학습도시 조성 우수 인력으로 글로벌 네트워크 구축 / 다양한 분야의 인재 육성 및 교육 도시의 중점육성산업에 대한 전문가 육성 환경조성 우수한 인재의 지역 내 발굴 및 유입이 활발하게 이루어질 수 있는 시스템 구축 청년창업·재취업·노인 일자리 창출·여성인력확보·은퇴근로자 재교육을 통한 인적자본 활성화
사람중심으로 살아나는 도시환경 **공간이** **빛나는 도시**	산업, 문화, 역사, 해양 등이 다양한 분야가 연계되는 도시공간 조성 SOC시설의 확충으로 이동성과 합리성 높은 도시 공간 조성 내륙과 해양이 조화를 이룰 수 있는 최적의 도시공간 구조로 개편 과거·현재·미래가 유기적으로 공존하는 도시조성

첫째, 시대가 나아가는 방향 및 요구사항을 잘 파악해야 한다. 현대 사회는 국제화 및 정보화 등으로 급격하게 변화하고 있다. 구성원들과 함께 지역사회가 지향할 수 있는 방향을 제시해야

한다. 또한 이러한 지향점은 현대 스포츠의 지향점과 함께 결합되어야 한다. 지역사회 구성원과 지역사회 그리고 스포츠가 지향하는 바가 다르면 오히려 역효과가 발생할 수 있다.

둘째, 스포츠 시설에 재정비와 투자 등이 필요하다. 스포츠이벤트는 다양한 형태로 제시되고 있다. 앞서 살펴본 지역 밀착형 스포츠이벤트에는 주로 지역사회의 구성원 즉, 지역주민이 주로 참여한다. 지역주민이 함께할 수 있는 스포츠 센터 건립이 필수다. 또한 어느 한 지역에 집중할 게 아니라 지역 전반적으로 다양한 스포츠 센터를 건립해야 한다. 그리고 이벤트형은 스포츠 관련 이벤트를 유치하고 개최하는 것이다. 전 세계적으로 많은 지역에서 유치하고자 한다. 이러한 유치 경쟁 속에서 이벤트형을 유치하기 위해서는, 사전에 지역사회에서 유치하고자 하는 스포츠가 활성화되어 있어야 하고 지역주민의 이해와 지역사회의 스포츠 시설이 정돈되어 있어야 한다. 한순간에 스포츠 경기장을 설립하기에는 시간, 경제적 등 애로사항이 발생한다. 미리 준비하지 않으면 이벤트형의 스포츠이벤트를 유치하기가 쉽지 않다.

셋째, 스포츠이벤트의 정확한 이해가 필요하다. 스포츠이벤트는 지역사회의 관점에서만 바라보기 쉽다. 스포츠이벤트는 지역사회뿐만 아니라 지역주민과 기업 등에게도 기회로 작용할 수 있다. 지역 발전과 더불어 지역의 관광 상품화로 경제적 요소가 더해진다. 또한 스포츠이벤트를 준비하고 참여하며 이웃에 대한 이해와 신뢰가 증대될 수 있다. 나아가 지역에 대한 관심 역시 증대된다. 그리고 기업은 스폰서 등으로 기업 이미지 향상과 홍보효과를 지닐 수 있다. 따라서 스포츠이벤트는 지역사회 구성원 그리고 기업 등 모든 이에게 긍정적인 효과를 낼 수 있는 것이다.

참고문헌

강상조(2008). 스포츠이벤트 참가자의 참가행동 및 결정요인이 재구매 행동에 미치는 영향. 경희대학교 박사학위논문.

김경용·박용범(1998). 지방자치단체의 지역사회 개발을 위한 스포츠이벤트의 활용 전략. 한국체육학회지, 37(1), 247-256.

김경훈(2017). 지방자치단체 스포츠이벤트 유치 결정요인 및 우선순위 분석. 국민대학교 박사학위논문.

김도훈·김진국(2014). 스포츠이벤트 개최에 따른 지역사회 기여도와 지역이미지, 스포츠경기 유치의사와의 관계. 한국스포츠산업·경영학회지, 19(3) 149-160.

김주환(2009). 스포츠이벤트의 지역사회 기여도 분석. 강원대학교 석사학위논문.

김효명(2010). 지역 스포츠산업 경쟁력이 스포츠이벤트 참가에 미치는 영향 연구. 건국대학교 박사학위논문.

문화관광부(2007). 스포츠산업진흥시설 지정 및 효율적 운영방안 연구. 문화체육관광부 발간자료.

서효민(2019). 스포츠이벤트품질이 참가자의 참여만족과 스포츠몰입, 지속의도에 미치는 영향연구. 경기대학교 박사학위논문.

이경모(2002). 이벤트학원론 서울: 백산출판사.

이형호·정성범(2007). 지방자치단체의 스포츠이벤트와 지역발전과의 관계. 스포츠와 법, 10(4), 393-414.

정경희(2000). 지역사회 진흥을 위한 스포츠이벤트 활용방안. 한국스포츠산업경영학회, 5(2), 121-135.

조우정(2006). 지역 스포츠이벤트 개최의 인지된 효과에 관한 연구. 한국체육과학회지, 15(4), 275-288.

채용식·박재완·김미자(2001). 관광축제 이벤트론 서울: 학문사.

한성수·김상호·차대규(2009). 산업연관분석을 이용한 스포츠이벤트의 지역경제효과 분석. 국제지역학회, 13(1), 167-186.

Ritchie Brent, J. R.(1984). Assessing the impact of hallmark events: Conceptual and research issues. Journal of travel research, 23(1), 2-11.

역대 주요 국제행사 유치 현황

〈문화체육관광부 국제체육과 2016〉

대회명	공식 영문이름	도시	대회기간	참가 규모	경기 종목	주관조직	비고
1986 서울아시아 경기대회	The 10th Asian Games Seoul 1986	서울	1986.9.20. ~10.5.	27개국 4,839명	25개 종목	아시아 올림픽 평의회 (OCA)	88올림픽 대비사업 연계 지출
1988 서울하계 올림픽	Games of the XXIVth Olympiad Seoul 1988	서울	1988.9.17. ~10.2	160개국 13,304여명	23개 종목	국제 올림픽 위원회 (IOC)	
2002 월드컵	2002 FIFA World Cup Korea/Japan	부산, 인천, 대전, 광주, 울산, 수원, 전주, 서귀포	2002.5.31. ~6.30	32개국 13,000여명	단일 종목	국제 축구연맹 (FIFA)	
2002 부산아시아 경기대회	The 14th Asian Games Busan 2002	부산	2002.9.29. ~10.14	43개국 18,000여명	38개 종목	아시아 올림픽 평의회 (OCA)	
2003 대구하계 U대회	22nd Summer Universiade Daegu 2003	대구	2003.8.21. ~8.31	170여개국 11,000여명	13개 종목	국제대학 스포츠연맹 (FISU)	
F1코리아 그랑프리	FORMULA1 KOREAN GRAND PRIX	영암	2010 ~2016	12개팀 3천여명	단일 종목	국제 자동차연맹 (FIA)	

대회명	공식 영문이름	도시	대회기간	참가 규모	경기 종목	주관조직	비고
2011 대구육상 선수권	IAAF World Championships Daegu 2011	대구	2011.8.27. ~9.4	202개국 6,900여명	47개 세부 종목	국제 육상경기연맹 (IAAF)	
2013 충주 조정선수권	2013 World Rowing Championships, Chungju, Korea	충주	2013.8.25. ~9.1	80개국 2,300여명	27개 세부 종목	국제 조정연맹 (FISA)	
2014 인천 아시아 경기대회	The 17th Asian Games Incheon 2014	인천	2014.9.19 ~10.4	45개국 20,000여명	36개 종목	아시아 올림픽 평의회 (OCA)	
2015 광주하계 U대회	28th Summer Universiade Gwangju 2015	광주	2015.7.3. ~ 7.14	170개국 20,000여명	21개 종목	국제대학 스포츠연맹 (FISU)	
2015 세계군인 체육대회	MUNGYEONG KOREA 6th CISM World Games	문경	15.10.2 ~11	110여개국 9,000여명	24개 종목	국제군인 체육연맹 (CISM)	
2018 평창동계 올림픽대회	PyeongChang 2018 Olympic Winter Games	평창, 강릉, 정선	2018.2.9. ~2.29	100여개국 50,000여명	15개 종목	국제 올림픽위원회 (IOC)	
무주·전주 동계 유니버시아드 대회	18th Winter Universiade 1997 Chonju~Muju	무주, 전주	1997.1.24. ~2.2.	48개국 1,406명	6개 종목	국제 대학스포츠 연맹 (FISU)	

대회명	공식 영문이름	도시	대회기간	참가 규모	경기 종목	주관조직	비고
강원 동계아시아 경기대회	The 4th Winter Asian Games Kangwon 1999	춘천, 용평, 강릉	1999.1.30. ~2.6	21개국 799명	7개 종목	아시아 올림픽 평의회 (OCA)	
제1회 세계태권도 선수권대회	The 1st WTF World Taekwondo Championships Seoul 1978	서울	1973.5.25. ~27.	19개국 200명	단일 종목	세계 태권도연맹 (WTF)	
제42회 세계사격 선수권대회	42nd ISSF World Championships Seoul 1978	서울	1978.9.24. ~10.5.	64개국 910명	단일 종목	국제 사격연맹 (ISSF)	
제8회 세계여자 농구선수권대회	8th World Woman Basketball Championships Seoul 1979	서울	1974.4.29. ~5.13.	12개국 250명	단일 종목	국제 농구연맹 (FIBA)	
제27회 세계야구 선수권대회	The 27th World Baseball Championship Series Seoul 1982	서울	1982.9.4. ~9.14.	10개국	단일 종목	국제 야구연맹 (WBSC)	
제14회 세계유도 선수권대회	The 14th World Judo Championships Seoul 1985	서울	1985.9.26. ~9.29.	37개국 312명	단일 종목	국제유도연맹 (IJF)	
제33회 세계양궁 선수권대회	Seoul 1985 World Archery Championships	서울	1985.10.1. ~10.5.	31개국 144명	단일 종목	국제 양궁연맹 (IAF)	

대회명	공식 영문이름	도시	대회기간	참가 규모	경기 종목	주관조직	비고
99 세계펜싱 선수권대회	The 46th World Fencing Championships Seoul 1999	서울	1999.11.2. ~7.	58개국 360명	단일 종목	국제 펜싱연맹 (FIE)	
2017 FIFA U-20 월드컵	FIFA U-20 Word Cup Korea 2017	6개 도시 (대전,인천,전주,제주,천안, 수원)	2017.5.20. ~6.11.	124개국 2,000여명	단일 종목	국제 축구연맹 (FIFA)	
2017 세계태권도 선수권대회	2017 WTF World Taekwondo Championships Muju	무주	2017.6.24. ~6.30.	160개국 2,000여명	단일 종목	세계 태권도연맹 (WTF)	
2018 세계사격 선수권대회	52nd ISSF World Championships Changwon 2018	창원	2018. 8. 31 ~ 9. 14	120개국 4,500여명	53개 종목 106개 메달	세계 사격연맹 (ISSF)	
2019 세계수영 선수권대회	The18th FINA World Championships Gwagnju 2019	광주	2019. 7월~8월	204개국 선수단 등 20,000명	6개 종목	국제 수영연맹 (FINA)	

이승환 李承桓

1973년 생. 수원대학교에서 박사 학위를 취득하였으며, 현재 포스텍
인문사회학부 교수로 재직하고 있다. 주요연구 및 관심분야는 레저스포츠와
스포츠 문화 등이고, 현재 대한생활체육진흥회 이사로 최근 발표한
논문으로는 "홈트레이닝의 지각된 가치가 운동몰입 및 지속이용의도에 미치는
영향"(2021)등이 있다.

스포츠관광이 할 수 있는 일

급격히 변화하는 세계화의 형태

'세계화'(Globalization)란 경제, 관광, 인력 등이 자유롭게 이동하는 현상으로, 낮아진 국가 장벽을 뜻하는 의미가 되었다. 기업은 세계화를 통해 성장을 꿈꾸고 사람들은 자신의 능력에 따라 다른 나라에서 일자리를 얻을 수 있게 되었다. 또한, 각국은 관광으로 국경을 낮췄고 많은 사람을 오게 만들어 경제적 부를 취했다. 물론, 세계화가 좋은 것만은 아니다. 테러와 범죄가 증가했고 질병 역시 국경을 초월해 유행하고 있다.

2020년 '코로나 19'라는 바이러스는 세계화가 만든 새로운 형태의 공포로 다가왔는데, 낮아진 국경을 통해 전 세계로 퍼졌고 각국은 감당하기 어려운 수준으로 감염이 악화하자 자국민 보호를 위해 국경을 닫았다. 세계를 향해 열었던 문이 닫히자 물자와 사람의 이동이 중단되어 각국은 경제적 타격을 입었으며,

국내 경제 역시 얼어붙었다.

세계화의 단절로 가장 먼저 눈에 보이는 타격을 입은 곳은 항공사들이었다. 각국은 공항을 폐쇄했고 결국 항공 노동자들로 연결되었다. 항공사 근무자들은 무급 휴직을 권유받거나 구조조정을 통해 하루아침에 실업자가 된 것이다. 물론 경제적 타격에 따른 영향은 항공사뿐만 아니었고, 여행업 역시 큰 타격을 입었다.

현재까지 '코로나 19'는 확산을 멈추지 않고 '고강도 사회적 거리 두기'를 거쳐 '생활방역' 형태로 마스크를 사용하며 '2M 거리 두기' 등이 생활화되었다. 통제에 지친 국민은 심리적 안정을 취하고자 여행을 계획하고 있으나, 과거처럼 해외여행을 가기보다는 국내 여행을 통해 여유를 갖고자 한다. '코로나 19' 이전처럼 일상의 무료함을 달래고자 떠난 해외여행이 이제 불가능하다고 여기게 된 것이다.

여행이 자유롭지 못한 지금, 여러 항공사에서 일회성 상품으로 회항 여행을 선보였다. 출국 공항과 입국 공항이 같은 특이한 여행이지만, 호주 콴타스 항공은 호주 영공을 대략 7시간 비행하는 상품을 내놓았고 대만에서는 제주도의 영공을 돌고 회항하는 상품을 내놓았으며 국내에서도 아시아나항공이 국내 상공을 2시간 정도 비행하는 상품을 내놓아 큰 인기를 끌었다.

'코로나 19' 사태가 안정세에 접어들어도 국가마다 속도는 다를 것이고, 전 세계가 '코로나 19' 이전의 세계화로 돌아가기 위해서 얼마나 시간이 필요한지 전문가들도 정확하게 진단하지 못하고 있다. 따라서 포스트 코로나 시대의 여행은 해외여행보다 국내 여행에 치중하게 될 것이다.

문화체육관광부에서 2018년 발행한 '스포츠 산업 백서'를 살펴보면 국가별 스포츠 산업 규모가 약 1조 3,000억 달러(한화 1,473조 원)이며 지속해서 증가할 것이라 예견하고 있다.

그림 1. 국가별 스포츠 산업 규모

🇺🇸	5,397억 달러 / 한화 611조 원	미국 2018년 기준
€	2,997억 유로 / 한화 376조 3,900억 원	유럽연합 2015 기준
£	373억 파운드 / 한화 58조 6,356억 원	영국 2016년 기준
€	606억 유로 / 한화 77조원	독일 2015년 기준
元	3조 1498.2억 위안 / 한화 524조 5,710억 원	중국 2018 기준
¥	6조 7천억 엔 / 한화 66조 7,608억 원	일본 2014년 기준
A$	390억 호주달러 / 한화 33조 8,170원	호주 2017년 기준
€	390억 달러 / 한화 46조 원	프랑스 2012년 기준
₩	한화 78조 670억 원	한국 2018년 기준
$	65억 캐나다 달러 / 한화 5조 6,984억 원	캐나다 2016년 기준

출처 : 문화체육관광부 발행 2018년 스포츠 산업 백서

이러한 시대의 변화는 지역 특성화를 통해 지방자치단체의 전략산업으로 부상시키고, 지방자치단체의 관광정책은 경제적·사회적 성장을 기반으로 전략산업화되어야 할 것이다. 또한, 코로나 19로 인한 세계화의 폐쇄로 관광산업은 새로운 지방화 시대를 열게 될 것이며 이는 무한경쟁으로 지방자치단체 문화산업의 성장과 교류를 확대하고 관광 및 레저산업의 발전을 촉진할 것이다.

■1 스포츠관광의 의의

스포츠관광이라는 용어가 만들어진 시기는 1990년대이며, 이때 여가 활동과 스포츠가 결합하면 경제적 효과가 발생하며 급속하게 성장하게 되었다(Harrison-Hill & Chalip, 2005)[1]. 이후, 관광하는 사람이 스포츠를 경험하거나 체험하면서 새로운 형태의 관광 발전을 촉진했고, 이러한 형태는 세계에서 주목받는 산업으로 발전하게 되었다.

스포츠관광의 정의가 스포츠에 참여·관람을 목적으로 참여한다는 관점이지만, Getz(1998)[2]는 스포츠관광을 '개최지의 지역경제와 공동체의 이익을 달성할 목적을 가진 스포츠 이벤트의 개발 및 마케팅 과정을 뜻한다'로 정의함으로써 스포츠관광과 관련된 개발과 마케팅의 구조적 관점에서 접근하고 있다.

스포츠 이벤트가 개최되는 지역사회의 구조적 결합 관계에 미치는 영향을 시사하고 있다. 스포츠관광은 여러 요소로 구성되

---

1   Marketing sport tourism: Creating synergy between sport and destination. Sport in Society, 8(2), 302-320.

2   Trend, strategies, and issues on sport-event tourism. Sport Marketing Quarterly, 7(2), 8-13.

는데, 먼저 스포츠관광시설, 스포츠관광 프로그램, 스포츠관광 상품 가격, 스포츠관광과 연계한 일반 관광 상품으로 구성되며, Getz(1998)[3]의 관점을 수용한다면 다양한 마케팅 매체 및 지역 사회의 협력체계도 포함된다.

표 1. 스포츠관광의 정의

연구자	정의
이석주·김흥태(2004)	운동 경기에 참여하거나 스포츠관광지를 방문하기 위해 집을 떠나 여행하는 것
Hinch & Highman(2001)	스포츠관광을 이벤트, 실외 활동, 건강과 운동의 요소들을 포함하는 관점
한철언(2001)	스포츠를 관람하거나 직접 참여하여 즐기기 위한 목적을 가지고 거리 공간을 이동하는 것. 즉, 거리를 이동하여 그곳에서 24시간 이상 체류하면서 스포츠 활동을 즐기는 것.
박용범(2000)	스포츠 활동에 참여하기 위한 여행, 스포츠를 관람하기 위한 여행, 스포츠관광 대상을 찾아가는 여행.
Delpy(1998)	직접 스포츠에 참여, 관람하거나 모든 경쟁적, 비경쟁적 스포츠관광 대상 활동에 참여하기 위해 집을 떠나는 여행.
Getz(1998)	스포츠관광이란 개최지의 '지역 경제와 공동체의 이익을 달성할 목적을 가진 스포츠 이벤트의 개발 및 마케팅 과정'을 뜻함.
Gibson(1998)	개인이 일시적으로 일상 생활권을 벗어나 신체적 활동을 하거나 관람하거나 또는 그와 같은 활동에 관련된 매력물을 관리하는 레저 중심의 여행.
Standeven & De Knop(1998)	상업적 또는 비상업적으로 일시적으로 집을 떠나 스포츠 활동에 직접 참여하거나 관람하기 위한 여행.
한국관광공사(1996)	스포츠 참가나 관람을 목적으로 하고, 일시적으로 일상 생활권을 떠나 다시 일상 생활권으로 돌아오기까지의 사람들의 행동.
Sport Tourism International Council(1995)	스포츠관광 매력, 자연적 자원(공원, 산, 야생 생물 등)과 인조물(박물관, 경기장 등), 스포츠관광 리조트, 스포츠관광 크루즈.

3   Trend, strategies, and issues on sport-event tourism. Sport Marketing Quarterly, 7(2), 8-13.

연구자	정의
Hall (1992)	집으로부터 멀리 떨어져 스포츠 활동에 참여하거나 관람하기 위하여 비상업적인 이유로 여행하는 것.
Lisa (1991)	스포츠와 여행에 관한 여러 사람의 해석에 따라 다양하게 나타나 지만 직접 스포츠에 참여, 관람하거나 모든 경쟁적, 비경쟁적 스포츠관광 대상 활동에 참여하기 위해 집을 떠나 하는 여행.
Wahab (1975)	스포츠 이벤트, 상업적 레크리에이션 활동, 비상업적 옥외 레크리에이션 활동에 참여하거나 관람하는 활동.

우리나라와 같이 많은 스포츠 인프라를 갖추고 있는 나라들이 각종 규모의 스포츠이벤트를 유치하고 스포츠관광으로 발전시키려고 노력하는 이유는, 스포츠관광이벤트를 기반으로 개최도시의 경제적 효과, 심리적 소득, 지역사회의 가시성, 이미지 강화 등의 효과 때문이다(Crompton, 2004)[4].

스포츠관광을 위한 투자는 직접적인 스포츠 관련 시설과 함께 도로나 관련 주변 시설 환경 정비와 미화 등과 같은 인프라 투자로 이어져 해당 지역의 외형을 크게 변화시킬 수 있다. 이에 따라 해당 지역의 긍정적 이미지가 강화되고 다시 관광객의 호감과 연결되는 선순환 구조를 가진다.

또한, 스포츠관광이 주는 문화적인 긍정적 이미지도 상당히 크다. 만약 해당 지역이 특정 스포츠관광지로 이미지가 구축된

---

4   Beyond economic impact: An alternative rationale for the public subsidy of major league sports facilities. Journal of Sport Management, 18(1), 40-58.

다면, 그 지역의 존재와 문화적 이미지 역시 홍보되는 효과가 생긴다.

2018년 평창동계올림픽 이후 '컬링'이라는 생소한 스포츠가 국민에게 큰 인기를 얻었는데, 해당 스포츠의 경기장이 경북 의성에 존재한다는 사실 만으로 경북 의성을 '마늘의 고장'이라는 이미지의 도시보다 은메달을 안겨 준 효자 스포츠 '컬링'의 고장이라는 이미지로 구축된 바 있다.

긍정적 이미지로 만들어진 지역의 매력을 국가와 지역사회 홍보, 마케팅으로 활용한다면 경제적 효과도 상당할 것이다.

② 스포츠관광의 형태와 개발

코로나 사태 이후 관광의 경향을 살펴보면, 감염병으로부터 안전하고 최소한의 인원이 모여 행복을 느낄 수 있는 형태로 발전하고 있다는 걸 알 수 있다.

코로나 사태 이후 실외 활동의 관심이 높아짐에 따라 골프 활동인구가 증가하며 골프의 산업적 가치가 확대되고 있다.

현대경제연구원[5]은 골프산업의 성장이 지속되는 가운데, 최근 해외골프 인구의 국내 골프 활동 증가로 인한 내수진작 경제

---

5   현대경제연구원 '골프산업의 재발견'(2020.10)

적 효과가 최대 3조 1000억 원에 달할 것으로 분석했고 골프장 및 골프연습장 운영업 등 국내 골프산업 시장규모가 2019년 6조 7000억 원에서 2023년 9조 2000억 원까지 성장할 것으로 전망된다고 밝혔다.

대중화 골프장과 스크린 골프의 증가와 2030 여성을 겨냥한 골프장 편의시설과 스포츠 산업이 이용객 증가에 한몫했다.

특히, 밀폐된 실내 건강 센터, 필라테스 교습소 등에서 마스크를 끼고 운동하기보다 개방된 자연의 올레길, 둘레길 등과 같이 도보여행을 하거나 도심 근교 등산을 통해 자연을 느낄 수 있는 운동을 관광과 병행하고 있다.

비록 감염병으로 선택된 운동과 여가 활동이 병행된 형태이긴 하지만, 자연스럽게 밀폐된 공간보다 공개된 자연을 선택할 수밖에 없고 자연과 지방자치단체, 관광객이 어울릴 수 있는 스포츠관광 프로그램으로 조화를 이룰 수 있게 된 결과이다(김희수, 2010).[6]

특히, 단순 관광 체험을 하는 것에 만족하기보다 새로운 서비스, 활동, 상품, 맛 등을 직접 경험하기를 원하는 체험적 소비자인 '트라이튜어슈머'(trytoursumer)의 등장으로 관광 분야에서도

6   제6장 관광산업의 산업적 특성과 발전 전망.

특수목적관광(SIT, Special Interest Tour)이 주목받고 있다(Sheng, Shen, & Chen, 2008; Trauer, 2006).[7]

이 같은 관광 수요 다양화와 관광 행태 다변화 속에서 관광과 타 산업간 융·복합을 지향하는 관광 상품이 만들어지고 있다. 예를 들어 의료관광, 템플 스테이, 공연 관광, 쇼핑 관광, 식도락 관광, 스포츠관광 등과 같이 산업간 융·복합된 관광 형태가 더욱 활성화되고 있다.

스포츠관광의 대표적인 예로 영국의 서인도제도 크리켓 투어가 TV에 방영된 후 그 지역의 패키지 투어 횟수가 60% 증가하였음을 제시하는 등 현대의 스포츠와 관광은 공생관계이며, 지속해서 외래 관광객을 증가시킴으로써 스포츠는 관광을 촉진하고 관광은 스포츠를 돕는 역할을 하는 서로 상호보완적인 관계라고 지적했다(Standeven & Knop, 1998).[8]

미래지향적 산업 발전을 도모하기 위해서는, 변화하는 욕구에 대응하기 위한 일환으로 기존의 스포츠관광형태에서 새로운 스포츠관광 상품을 개발해야 할 것이다.

7   An exploratory study of types of special interest tour preferences and preference demographic variables analysis. International Journal of Culture, Tourism and Hospitality Research, 2(3), 271-284.

8   Sport tourism. Human Kinetics Publishers.

스포츠관광의 형태

스포츠관광은 가정이나 직장을 벗어나 또 일상적인 생활에서 벗어나 새로운 체험을 하기 위한 목적으로 여행을 떠나는 것이다. 가령 휴일의 일부분을 사용하거나 비즈니스 여행 중에 부수적으로 체험활동을 하는 것이 예가 될 것이다. 이러한 예는 참여하고자 하는 관광객 개인의 의지가 크다.

스포츠관광은 다양한 요소로 구성되어 있다. 일반적으로 스포츠관광시설, 스포츠관광 프로그램, 스포츠관광 상품의 가격, 스포츠관광과 연계한 일반 관광 상품으로 구성된다.

Kurtzman & Zauhar(1995)[9]은 스포츠관광을 스포츠관광이벤트, 스포츠관광여행, 스포츠관광 매력물, 스포츠관광 리조트, 스포츠관광 크루즈로 구분했고, Gibson(1998, 2005)[10]은 능동적 스포츠관광, 이벤트 스포츠관광, 노스탤지어 스포츠관광으로 구분했다. 이외에도 Musante, Milne, & McDonald(1999)[11]

9   Tourism sport international council. Annals of Tourism Research, 22(3), 707-708.

10 he wide world of sport tourism. Parks & Recreation, 33(9), 108-114. Towards an understanding of 'why sport tourists do what they do'. Sport in Society, 8(2), 198-217.

11 Sport sponsorship: Evaluating the sport and brand image match. International Journal of Sports Marketing and Sponsorship, 1(1), 24-39.

는 참가와 관람으로 단순하게 구분한 반면 Getz(1998)[12]는 스포츠관광과 관련된 시설, 프로그램, 가격, 연계 관광 상품 등을 비롯해 다양한 마케팅 매체 및 지역사회의 협력체계도 포함한다고 주장했다(이웅규, 2019).[13]

스포츠관광의 구성을 관광 상품 측면에서는 공급자와 소비자 간의 상품을 통한 가치의 교환이라고 볼 수 있고, 참여 동기는 소비에 가장 큰 영향을 미치는 변수이며 경험 중심적 소비문화로 변화되고 있다. 참여 동기에 따라 참여 종목·방식에도 영향을 미친다.

개최 지역은 스포츠관광자원을 상품화하여 소비자에게 제공하는 역할을 담당하는 것으로, 스포츠관광은 체험 관광의 성격이 많이 부각되며 중요한 상품의 근원으로 제공된다.

지역의 독특한 성격은 다양한 참가자들의 유기적인 협력과 상호 편익의 극대화를 위한 전략이 요구됨을 의미하며, 이에 소비자에 대한 정확한 이해와 마케팅 전략을 요구하고 있다.

12 Trend, strategies, and issues on sport-event tourism. Sport Marketing Quarterly, 7(2), 8-13.

13 스포츠관광의 이미지와 매력요인을 활용하기 위한 탐색적 고찰. 관광연구저널, 33(3), 21-37.

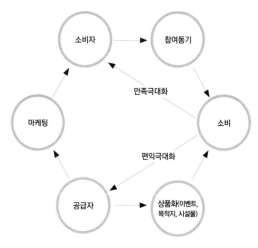

그림 2 스포츠관광 구성 개념도

출처 : 문화체육관광부2008

우리나라는 2017년 현재 스포츠와 과학기술력 모두 세계 10
위권으로 우수한 평가를 받고 있다. 특히, 과학기술 가운데 4차
산업 혁명과 관련된 VR(가상현실) 분야가 시선을 끈다. VR 기술
은 사용자가 현실에서 체험하기 어려운 영역을 가상으로 만들어
즐기도록 하는 방식이다.

대표적인 예가 바로 스크린골프이다. 스크린 스포츠는 이후
스크린야구, 양궁 등 다양한 분야로 확장되고 있다. 직장인뿐만

아니라 가족 고객의 증가와 함께 중국, 일본 등 수출의 길도 확장세에 있다.

이처럼 인공지능(AI)의 스포츠 산업 접목이 주목받고 있으며, KBO는 2018년부터 퓨처스 리그에 인공지능으로 기사를 작성하는 로봇기자 KBOT를 정식 도입했다. 해외에서도 이와 같은 형태를 반영해 가장 활발히 활동하는 인공지능이 '연합뉴스'가 개발한 '사커봇'이다. 5명이 투입되어 수천만 원을 들여 개발한 사커봇은 잉글랜드 프로축구 프리미어리그(EPL) 전 경기를 기사화하고 있다.

로봇 기자가 데이터 수집부터 최종 기사 작성까지 기사제작의 전 과정을 혼자 처리하기 때문에, 기사가 제대로 게재되고 있는지 모니터링하는 담당자 한 명만 필요하며 기사는 경기 종료 후 1~2초 만에 작성된다. 사커봇이 성공을 거두면서 연합뉴스는 평창 동계올림픽을 대비한 '올림픽봇'을 만들어 운영했다.

정부가 중점 추진 중인 4차 산업은 '21세기 굴뚝 없는 고부가가치 산업', '클린 산업'의 형태로, 우리 스포츠는 콘텐츠를 개발하고 스포츠와 관련된 재화와 서비스를 통해 부가가치를 창출해야 한다. 그뿐만 아니라 스포츠 산업은 연관 산업과의 융·복합이라는 광범위한 시장기반을 갖추고 있으므로, 정보통신 분야의 급속한 성장과 함께 중요한 비즈니스 콘텐츠로 주목받고 있어,

문화·관광 등 스포츠 연관 산업과 스포츠 서비스산업의 빠른 발전이 곧 국가 경제를 견인할 신성장 동력산업이 될 것이다.

이와 관련해 스포츠관광산업의 연계와 함께 다양한 콘텐츠 개발이 시급하다. 관광객의 활동과 관련된 모든 환경과 시설 등이 관광산업의 조건이 되며, 이로 인해 관광산업을 복합산업이라 한다. 특히 최근 관광객은 다양한 행태의 관광 활동을 하고 있어 숙박, 관람, 체험, 쇼핑 등이 망라된 형태의 복합서비스 산업 색채를 띠고 있다.

따라서, 관광 서비스 개발을 위해서는 주변의 환경변화와 함께 관광 전문인력 양성 등 시간과 비용이 많이 요구된다. 또한, 성수기와 비수기가 뚜렷한 자연적·계절적 영향을 많이 받고 있어 여타 산업과는 차별성이 요구된다.

하지만, 스포츠관광의 경우 주 5일제 시행 이후 증가한 여가와 소득의 증가, 건강 증진을 위한 소비 등이 복합되면서 수요가 증가하고 체험과 테마에 따라 스포츠관광의 형태가 세분화되고 있다(김종·조성식, 2007).[14]

스포츠관광의 경제적 기여를 살펴보면 스포츠관광객의 활동에 따라 이뤄지고 있으며 재화나 서비스 체험을 통해 발생하는

---

14   지방자치단체 체험형 스포츠 테마파크의 지역사회 발전 및 지역경제 기여방안. 체육과학연구, 18(4), 185-196.

데, 스포츠관광객의 욕구와 수요를 충족시킬 경우 모든 재화와 서비스가 관광 지출이 된다는 뜻이다.

스포츠관광객이 사용하는 숙박, 교통, 먹거리 등이 전형적인 서비스에 해당할 것이고 스포츠 레저용품 및 장비, 스포츠시설 대여, 체험 밀 강습비, 교재, 기타 모든 개인 서비스 등 활동 중 습득한 모든 재화와 서비스 항목이 관광 지출에 해당할 것이다.

좀 더 구체적으로 나열하면 패키지 또는 개별여행, 숙박, 음식, 지역 운송, 국제 운송, 오락·문화·스포츠 활동, 쇼핑, 기타 등으로 유형화할 수 있다. 반면 관광 공급 측면에서 관광 부문은 스포츠관광객이 취득하게 되는 상품(서비스 포함)을 생산 또는 제공하는 활동의 집합으로 설명할 수 있다. 따라서 관광 공급 측면에서의 관광 부문은 스포츠 사업 활동의 생산품 및 생산활동의 내용을 기준으로 판별할 수 있다(이강욱·박정은, 2011).[15]

---

15 관광산업의 경제효과 분석-2009년 산업연관표 기준. 한국문화관광연구원.

세계적으로 스포츠이벤트 발생은 일시적인 현상이라기보다 제3의 미디어로 매우 중요한 매체 중 하나로 자리 잡고 있다.

급변하는 현대 사회에서 이에 따른 기대는 지역의 사회경제적 발전에 크게 기여하게 되고, 특히 성공한 스포츠이벤트는 국내외 관광소비자들에게 소비욕구를 자극하는 커다란 매력물이 되기 때문에 지역발전에 크게 기여한다. 새로움을 추구하는 이벤트의 목적에 새로운 관광자원을 종래의 관광과 결합해, 새로운 지역 문화로 재활성화하기 위한 유효한 수단이 될 수 있다.

스포츠 인프라 구축을 위한 성공한 국내·외 스포츠 이벤트 사례는 다음과 같다.

1 해외 스포츠 이벤트 사례

세계 4대 마라톤 대회

세계 4대 마라톤 대회는 '뉴욕 마라톤', '보스턴 마라톤', '런던 마라톤', '로테르담 마라톤'이다.

1970년에 시작된 뉴욕 마라톤 대회는 미국 '뉴욕 로드 러너스클럽(NRRC)'의 주도로 시작되었으며 매년 11월 첫째 주 일요일에 개최된다.

보스턴 마라톤 대회는 근대 아테네 올림픽을 기념하고자 1897년 보스턴 선수협회 주최로 시작되었으며 1, 2차 세계 대전으로 두 차례 열리지 않은 것을 제외하고 매년 2만 명 이상이 참가하는 대회로 자리잡았으며 매년 4월 셋째 주 월요일 애국자의 날에 개최된다.

런던 마라톤 대회는 1981년 5월 29일 시작되어 매년 4월 셋째 주 토요일에 개최되며 보스턴 마라톤 대회보다 짧은 역사에 비해 참가자 수가 4만여 명에 이르는 등 규모는 훨씬 크다.

로테르담 마라톤 대회는 1981년 5월 창설해 로테르담 마라톤 재단이 주관하며 짧은 역사에 비해 많은 세계기록을 양산하고 있어 권위 있는 마라톤 대회로 발전하고 있다.

세계 4대 마라톤 대회 중에서 특히 지역의 상권과 관광이 융합되어 큰 시너지를 내고 있는 런던 마라톤 대회를 살펴보면, 1981년 5월 29일 영국 런던에서 처음 시작되었으며 매년 4월 셋째 주 토요일에 개최한다.

시내 관광명소 홍보 행사와 다양한 이벤트를 조화시켜 시민들이 참여하는 축제 분위기를 연출하고 있다. 런던 지역의 자연자원과 인공자원을 활용하며, 마스터스 참가자들로부터 자선기금을 모금하고 참가자에게 참가비 이외에 자선기금을 받는 등 행사의 수익과 자선단체의 연계를 통해 자선기금을 마련하는 등 공익 이미지 마케팅을 적극적으로 하고 있다.

특히, 지역 상권과 지역 학교 등 지역 내 인적자원을 활용한 지역마케팅(지역 시민축제의 장)을 통해 시내 관광명소 홍보와 갖가지 이벤트를 짜임새 있게 준비해 런던 마라톤을 런던 시민들의 자랑거리로 만들었다.

그리니치 공원에서 출발해 템스강과 버킹엄궁 앞으로 골인하는 편도코스로, 타워브리지와 웨스트민스터 등 런던의 명물을 한눈에 볼 수 있도록 코스를 구성해 관광 자원화시킨 게 특징이다.

투르 드 프랑스

투르 드 프랑스(le Tour de France, '프랑스 일주'를 뜻함)는 프랑스에서 매년 7월 3주 동안 열리는 세계적인 프로 도로 사이클 대회이며 1, 2차 세계 대전으로 중단된 것을 제외하면 매년 열려 왔다. 구간은 프랑스와 벨기에 평지와 산악지대로 이뤄지며 스페인, 이탈리아, 스위스, 독일 등 인접 국가에 일부 경주구간이 포함되는 장거리 구간 경기이다.

매년 120명 이상의 프로 선수들이 약 4,000㎞의 거리를 일주하며 우승을 다툰다. 투르 드 프랑스 대회 역시 자연자원과 인공자원을 함께 이용하고 있으며, 특히 구간 도시 개최 전략을 사용하고 있어 최종 종착 도시에 선정되면 중계를 통해 5,000여 회 이상 도시 이름이 방송되는 등 자연스럽게 지역 홍보와 광고가 되고 있다.

마카오 F3 그랑프리

매년 11월 마카오 시내에서 열리는 자동차·모터사이클 경주 대회로, 세계 유일의 시내 도로 자동차·모터사이클 경주 대회이다. 마카오는 좁은 국토와 넓지 않은 시내 도로를 가진 도시국가임에도 불구하고, 경주가 열리면 경기 기간 일주도로를 차단하고 대회를 치른다. 마카오 그랑프리는 1년에 한 번만 개최되며 출발과 도착 등의 경기를 진행하는 대회 타워와 대회 타워를 중심으로 한 일정 구간에 관람대를 설치한다.

하루의 경주가 끝나면, 관광객들은 그랑프리 코스를 거닐어 볼 수도 있고 모형으로 제작된 차량을 이용해 대회를 체험하거나 마카오 그랑프리 박물관에서 역사도 들여다볼 수도 있다.

세계 4대 테니스 대회(Grand Slam Tournaments)

12세기에서 16세기까지 프랑스에서 유행하던 '라뽐므 (Lapaum)'라는 경기가 테니스의 기원으로 알려져 있으며, 테니스라는 명칭이 영국으로 넘어가면서 '테네즈(tennez)'로 불리게 되었다. 손바닥으로 치던 게 너무 아파 장갑을 끼게 되었고, 이후 점점 발전하면서 15세기 후반 라켓이 개발되어 현대의 테니스와 같은 모습을 갖췄다.

세계 4개 테니스 대회는 '윔블던', '전미 오픈', '프랑스 오픈', '호주 오픈'이며 한해 4개 대회 전부를 우승하면 그랜드 슬램(Grand Slam)을 달성했다고 한다.

[윔블던(Wimbledon)]

1877년 제1회 영국 선수권 대회가 윔블던에서 열렸고 이 전통을 이어받아 오늘날 가장 권위 있는 테니스 대회가 되었다. 윔블던 대회는 가장 오랜 역사를 지닌 테니스 대회이며, 1877년 제1회 대회가 개최되었고 1968년 프로들에게 본격적으로 오픈되었다.

매년 7월경 영국 런던 교외 윔블던에서 열리고 정식명칭은 'All England Tennis Championship'이며 전영 오픈이라는 명칭으로도 불린다. 제1회 대회 개최 이후 1, 2차 세계 대전으로 10여 년을 개최하지 못한 것을 제외하고는 매년 열리고 있다.

[전미 오픈(US Open)]

1881년 미국 로드 아일랜드주 뉴포트에 위치한 카지노 클럽에서 최초로 열렸으며 4대 메이저 대회 중 윔블던에 이어 두 번째로 오래되었다. 1881년 'US National Championships'이라는 이름으로 시작해 1965년 US 오픈으로 개칭했다. 윔블던보다 4년 뒤에 시작되었지만, 세계 대전 기간에도 경기가 진행되어 횟수로는 윔블던보다 앞서 있다. 1911년 뉴욕으로 개최지를 옮겨 국립 테니스 경기장 '빌리 진 킹'에서 매년 8월부터 9월까지 진행된다.

[프랑스 오픈(France Open)]

1891년 출범해 1968년부터는 프로들에게도 오픈되었으며 프랑스 파리에서 5월 말부터 열린다. 세계에서 가장 권위 있는 클레이코트 대회이다.

매년 호주 오픈 다음으로 열리는 메이저 대회로, 파리 근교 불로뉴의 롤랑가로스 테니스 클럽에서 개최된다.

테니스코트 이름을 따서 롤랑가로스 테니스 대회(Roland Garros Championship)라고도 한다.

[호주 오픈(Australian Open)]

1905년 시작되었으며 1969년에 프로 선수들에게도 오픈되었다. 1988년부터는 멜버른에 있는 'Australian National

Tennis Center' 하드 코트에서 열리며 4대 메이저 대회 중 가장 역사가 짧다.

호주는 남반구에 있으므로 다른 대륙이 겨울일 때 대회가 열리고, 국제테니스연맹이 관장한다.

② 국내 스포츠 이벤트 사례

춘천 마라톤

강원도 춘천시 일대에서 매년 10월에 열리며 조선일보사, 스포츠조선, 대한육상경기연맹이 주최한다. 1946년 제1회 조선일보 단축 마라톤 대회를 시작으로 근 60년 동안 조선일보 마라톤 대회는 6.25 전쟁 기간을 제외하고는 매년 개최되고 있으며, 1995년 10월 28일 '조선일보 춘천 국제마라톤'으로 새롭게 태어났으며 이듬해부터는 마라톤 발전과 저변을 확대하기 위해 일반 동호인에게도 개방했다.

강원도 춘천의 자연자원과 인공자원을 혼합한 국내 최대 규모의 마라톤 대회로서, 지역마케팅 축제로 거듭났다. 춘천시는 이 대회가 지역을 내외로 알리고 지역경제 활성화에도 큰 몫을 하고 있다는 분석에 따라 교통, 의료, 숙박, 급수 등 지원계획을 마련하고 있다.

선수 임원 동행 가족들을 대상으로 춘천 농특산물 브랜드인 '소양강' 농산물을 집중적으로 홍보하기 위해 다양한 이벤트를 열기도 하며, 행사 당일 춘천종합운동장에 농산물 홍보 부스와 전문 도우미를 배치해 소양강 오이와 소양강 햅쌀을 무료로 나눠주고 춘천 찹쌀로 만든 떡메 체험, 특화작목인 사구 참마 시식회 등 다양한 행사를 기획하고 있다.

북극곰 수영대회

부산시 해운대의 관광 붐을 조성하고 지역사회 발전과 국제친선을 위해 1988년부터 매년 1월에 실시한 이래 2020년 33회를 맞이했다. 누구나 참가할 수 있는 이 행사는 웨스틴 조선비치호텔 주최로 개최하고 있으며, 명실상부한 부산의 겨울 축제로 자리 잡았다.

북유럽에서 신년맞이 행사로 큰 인기를 끌고 있는 이색적인 겨울 행사를 조선비치호텔이 지난 1988년 처음 선보인 이후 매년 많은 인기를 얻어 참가자 수가 늘어나고 있다.

겨울 바다라는 자연자원을 이용하고 일반인을 참가시키는 참여형 대회이다. 자연자원을 이용한 스포츠 이벤트의 경우 자연자원의 계절성의 한계에 국한되어 스포츠 이벤트의 방향이 결정되는 경우가 많은데, 이 대회의 경우 겨울 바다와 바다 수영이라는 이색 조합으로 일반 참가자와 지역주민들에게 큰 호응을 이끌고 있다.

수영대회가 끝난 이후 해운대 달맞이 온천축제로 참여 프로그램을 연속 기획하는 등 풍성한 이벤트가 계속되는데, 참가자들은 마라톤 대회에 참가하고 온천 축제에도 연이어 참여하게 됨으로써 부산시 자체의 지역 인지도를 높이는 효과를 가져올 수 있다.

경상북도 동해안 영일만에 소재한 포항시는 면적이 1,129.86 ㎢이고, 2구 4읍 10면 15행정동(41 법정동), 381행정리(197 법정리)로 구성된 행정구역을 가지고 있으며, 인구 52만 명으로 경상북도에서 인구가 가장 많은 도시이다.

포항의 산업 구조는 1차 0.1%, 2차 9.4%, 3차 90.5%로 서비스업의 비중이 월등하게 높다. 총면적의 16%에 달하는 178.67 ㎢가 경지면적이며, 그 중 논이 114.35㎢로 약 64%를 차지하고 밭은 64.32㎢로 약 36%를 차지하는 등 논농사가 주를 이루고 있다. 또한, 도내에서 수산업이 가장 활발하다.

하지만, 포항 하면 가장 먼저 생각나는 것이 포항종합체철소이며 1970년대 초 포항공업 단지가 조성·분양되어 단지가 형성되었고 영일 일대에 많은 공장이 설립되었다. 포항종합제철소 주변 수십 개의 관련 공장들이 있으며 주요 수출품은 철강금속, 자동차부품, 석유화학, 수산가공품, 통조림류 등이 있다.

최근 포항은 주력산업이었던 철강 산업을 뛰어넘어 첨단과학 산업에도 관심을 두고 있으며 포항에 있는 밸리 R&D Hub, 벤처 기업육성 촉진지구 등 포항테크노밸리를 조성하고 산·학·관이 협력해 포항테크노파크를 구성했다. 그곳에서 나노·생명공학·인공지능 로봇·소재 산업 등 포항의 차세대 성장동력산업을 집중적으로 육성하고 있다.

포항은 한반도 동쪽에 위치하고 가장 먼저 일출을 볼 수 있는 호미곶을 비롯해 관광자원 역시 풍부하다.

포항 동부는 영일만과 동해를 끼고 북부에는 태백산맥의 여맥이 자리 잡고 있어, 산과 바다가 함께 어우러지고 포항종합제철 공장으로 대표적인 산업 관광지이기도 하다. 보경사를 중심으로 한 사찰 관광과 송도·도구·구룡포·화진·월포·칠포·영일대 등의 7개 해수욕장을 중심으로 한 피서 관광과 함께 층암절벽과 폭포

그림 3. 호미반도 해안둘레길

출처 : 포항시청 홈페이지

수와 울창한 수림이 잘 어우러진 계곡 관광 또한 절경이다.

　해양과 관련된 등대의 역사적·문화적 가치와 해양안전에 이바지하는 역할과 해양사상을 국민에게 알리기 위한 국내 유일의 등대 전문박물관이 있으며, 호미곶 해맞이 광장은 새천년 한민족해맞이축전 개최장소로 1만 3,920평 부지에 기념조형물(상생의 손), 성화대, 영원의 불씨 함, 채화기(천년의 눈동자), 캐릭터상품특판장, 공연장, 주차장, 관리소 등이 조성되어 있다. (다음 백과, 2020 검색)

　우리나라는 1995년부터 전면적인 지방자치제도가 실시됨에 따라, 각 자치 단체마다 지역 경제의 개발 정책을 위한 전반적인 구조 전환에 활발하게 대응해 가고 있다. 자치단체의 노력에 힘입어 지역사회 개발이 촉진되고 지역 경제가 활성화되어 지역발전과 지역문제 해결을 지역 스스로 유도할 수 있는 계기를 마련할 수 있었다.

　그러나 지난 30여 년간 중앙집권체제에서의 수도권 위주의 편중된 개발 정책으로, 수도권을 제외한 대부분의 지역에서 지역 간의 심한 경제적 불균형으로 생산 및 생활 기반이 매우 취약한 실정이다. 또한, 날로 증대하는 주민들의 행정 수요를 충족시키는 데 필수적인 재정 상태도 빈약한 현실이다.

　따라서 지방자치시대를 맞아 심화되어 온 지역 간의 불균형 개발을 시정할 뿐 아니라, 각 지방자치단체는 해당 지역의 특성을 토대로 지역사회 개발을 위한 경영 수익 사업의 일환으로 다양한 방안을 강구해야 한다. 즉, 지역 스스로가 중앙 정부나 외부에 의존하지 않고 자율적으로 지역 자원을 최대한 활용해 내생적 지역 활성화 전략을 추진함으로써 궁극적으로 지역발전을 촉진하고 지역주민들의 복지 향상을 도모하고자 노력해야 한다.

내생적 지역 활성화의 전략으로 스포츠이벤트 유치가 대두되고 있다. 지역주민들은 지역의 특수성에 바탕을 둔 지역 고유의 스포츠이벤트를 공유하며 지역에 대한 정체감과 자긍심을 가질 수 있고, 지역 산업의 부가가치를 창출하며 경쟁력과 생산성을 높일 수 있다(임태성,2001)[16].

지방자치단체의 관광정책과 발전방향을 포항시와 비교해 보고자 한다.

1 지방자치단체의 관광정책

관광 분야 역시 정보화 시대에 편승해 세계화를 동반했다. 하지만 코로나 사태로 불가능한 세계화는 국내 관광으로 전환되었으며, 지자체는 새로운 지방화 시대에 대비하고 있는데 무한경

---

16 지역사회 발전을 위한 2010년 동계올림픽개최전략 - 강원도를 중심으로. 한국체육학회지. 40(1). 723-736

쟁을 통한 관광산업의 성장과 교류를 확대해 일과 휴식의 공존
을 모색하게 되었다.

관광 및 레저산업은 지방화 추세에 지역 특화로 만들어져야
하며, 지자체는 다양한 관광자원을 활용해 지역문화를 즐길 수
있는 쾌적한 공간과 함께 다양한 문화콘텐츠로 관광산업을 더욱
활성화하고 있다. 이에 지역별 관광특구를 지정해 운용 중이다.

표 2. 지역별 관광 특구

지역	특구명	지정 지역(소재지)	면적(㎢)	지정일
서울(6)	명동·남대문·북창	명동, 회현동, 소공동, 무교동·다동 각 일부 지역	0.87	2000.03.30
	이태원	용산구 이태원동·한남동 일원	0.38	1997.09.29
	동대문 패션타운	중구 광희동·을지로 5~7가·신당1동 일원	0.58	2002.05.23
	종로·청계	종로구 종로1가~6가·서린동·관철동·관수동·예지동 일원, 창신동 일부 지역(광화문 빌딩~숭인동 사거리)	0.54	2006.03.30
	잠실	송파구 잠실동·신천동·석촌동·송파동·방이동	2.31	2012.03.15
	강남	강남구 삼성동 무역센터 일대	0.19	2014.12.18
부산(2)	해운대	해운대구 우동·중동·송정동·재송동 일원	6.22	1994.08.31
	용두산·자갈치	중구 부평동·광복동·남포동 모든 지역, 중앙동·동광동·대청동·보수동 일부	1.08	2008.05.14
인천(1)	월미	중구 신포동·연안동·신흥동·북성동·동인천동 일원	3.00	2001.06.26
대전(1)	유성	유성구 봉명동·구암동·장대동·궁동·어은동·도룡동	5.86	1994.08.31

지역	특구명	지정 지역(소재지)	면적(㎢)	지정일
경기(5)	동두천	동두천시 중앙동·보산동·소요동 일원	0.40	1997.01.18
	평택시 송탄	평택시 서정동·신장1·2동·지산동·송북동 일원	0.49	1997.05.30
	고양	고양시 일산 서구, 동구 일부 지역	3.94	2015.08.06
	수원 화성	경기도 수원시 팔달구, 장안구 일대	1.83	2016.01.15
	통일동산	경기도 파주시 탄현면 성동리, 법흥리 일원	3.01	2019.4.30
강원(2)	설악	속초시·고성군 및 양양군 일부 지역	138.2	1994.08.31
	대관령	강릉시·동해시·평창군·횡성군 일원	428.3	1997.01.18
충북(3)	수안보온천	충주시 수안보면 온천리·안보리 일원	9.22	1997.01.18
	속리산	보은군 내속리면 사내리·상판리·중판리·갈목리 일원	43.75	1997.01.18
	단양	단양군 단양읍·매포읍 일원(2개읍 5개리)	4.45	2005.12.30
충남(2)	아산시온천	아산시 음봉면 신수리 일원	3.71	1997.01.18
	보령해수욕장	보령시 신흑동, 웅천읍 독산·관당리, 남포면 월전리 일원	2.52	1997.01.18
전북(2)	무주 구천동	무주군 설천면·무풍면	7.61	1997.01.18
	정읍 내장산	정읍시 내장지구·용산지구	3.45	1997.01.18
전남(2)	구례	구례군 토지면·마산면·광의면·산동면 일부	78.02	1997.01.18
	목포	북항·유달산·원도심·삼학도·갓바위·평화광장 일원	6.90	2007.09.28
경북(4)	경주시	경주 시내지구·보문지구·불국지구	32.65	1994.08.31
	백암온천	울진군 온정면 소태리 일원	1.74	1997.01.18
	문경	문경시 문경읍·가은읍·마성면·농암면 일원	1.85	2010.01.18
	포항 영일만	영일대해수욕장, 해안도로, 환호공원, 송도해수욕장, 송도송림, 운하관, 포항운하, 죽도시장, 시내 실개천 일대	2.41	2019.8.12

지역	특구명	지정 지역(소재지)	면적(㎢)	지정일
경남(2)	부곡온천	창녕군 부곡면 거문리·사창리 일원	4.82	1997.01.18
	미륵도	통영시 미수1·2동·봉평동·도남동·산양읍 일원	32.90	1997.01.18
제주(1)	제주도	제주도 전역 (부속도서 제외)	1,809.56	1994.08.31
13개 시·도 33개소		−	2,642.76	

출처 : 문화체육관광부, 관광특구 지정 현황 (2020. 5월 기준)

② 관광정책의 발전 방향

노동시간의 단축과 경제 수준의 향상으로 여가와 관광에 대한 수요가 점차 증대되어 지방자치단체 단위 관광산업의 확대와 활성화가 점차 증가할 것으로 전망된다(민웅기·박봉규, 2015).[17]

지자체는 차별화된 관광 상품과 정책 수립으로 지역의 환경자원과 특산물을 활용한 마케팅 전략이 필요하다. 관광정책은 추구하는 목표가 명확하므로, 지방자치단체 차원에서 정책을 마련하고 지원하는 공적인 성격이 강하기 때문에 더욱 차별화된 마케팅이 필요하다. 지역주민뿐만 아니라 인근 지역과 연계를 통

---

17 세계화 시대의 관광 활성화를 위한 관광정책 및 기업경영전략에 대한 대안적 논의-공공적 관광정책과 경쟁우위의 기업경영전략을 중심으로-. 동북아관광학회, 11(2), 1-20.

184 스포츠 문화 도시구현을 위한 도시마케팅

한 지역 관광 중심 콘텐츠로써 인바운드 관광(Inbound tourism) 과 생활 관광(life tourism)이 이뤄져야 할 것이며, 관광객체들의 부가가치를 높이는 성격을 고려한 변화가 이뤄져야 할 것이다.

관광정책과 차별화된 서비스를 제공하기 위해 지방자치단체는 주도적으로 지역사회 시민공동체와 함께 소통이 가능한 거버넌스(governance)를 구축해야 한다.

문화체육관광부는 2020년 '크루즈 관광 고부가화 및 국적 크루즈 취항기반 조성'을 계획하고 있는데, 해외 크루즈 박람회 참가 및 해외 설명회 개최를 통한 크루즈 외래 관광객 유치 마케팅을 지원하고 K-POP, 한식, 공연 등 연계 테마 크루즈 및 Fly&Cruise 상품개발을 확대해 다양한 콘텐츠를 확충하고자 한다.

뉴욕, 타이페이 등 5개소에 해외 크루즈 관광 거점 지사 기능을 확대 및 내실화한다는 계획을 세웠다.

전국 각 지역에서 다양한 계층이 신청할 수 있도록 보도자료 배포, 지자체 및 지역 방송사 등과 협력해 홍보를 강화하며, 크루즈 부두 1선석(포항, 5만 톤급) 신규 운영 등 크루즈 인프라 관리·운영을 통해 관광객 유치 기반을 구축한다.

문화체육관광부가 계획한 추진 일정은 아래와 같다.

표 3. 크루즈 박람회 참가 및 해외 설명회 일정

추진내용	추진 일정			
	1/4	2/4	3/4	4/4
· 크루즈 외래 관광객 유치 마케팅	○	○	○	○
· 크루즈 관광 상품개발	○	○	○	○
· 크루즈 해외 거점 조성	○	○		
· 국내 크루즈 수요 확대(해수부)				
– 크루즈 체험단 운영			○	
– 크루즈 정책홍보(방송 및 온·오프라인 등)		○	○	○
· 크루즈 인프라 확충(해수부)				
– 포항(영일만항) 크루즈 부두 운영				○

출처 : 문화체육관광부, 관광진흥기본계획 2020년 시행계획

③ 포항시의 스포츠 인프라 및 관광산업 정책

포항시는 산과 바다, 강이 어우러지는 천혜의 자연조건을 바탕으로 관광산업을 개발해야 하고 이를 중심으로 스포츠관광 개발 역시 정책적으로 준비해야 할 것이다.

화진해수욕장에서 월포해수욕장까지 이어지는 해안코스, 장기곶 등대와 장기 역사 유적지-오어사로 연결하는 문화 관광코스, 포항공단에서 테크노파크로 이어지는 산업관광코스 등이다. 2019년 기준 포항시를 포함한 경북 지역에 등록된 체육시설업의 현황은 다음과 같다.

표 4. 경북지역 체육시설업

종목	경북 전체 업소 수(개소)	포항 업소 수(개소)
계	3,301	100
골프장	47	4
스키장	–	–
골프 연습장	691	54
승마장	21	5
체육도장	797	187
당구장	1,167	307
수영장	37	6
체력단련장	447	135
자동차 경주장	–	–
요트장	2	–
빙상장	3	1
카누장	–	0.00
종합체육시설	15	1
썰매장	11	–
무도장	4	–
무도학원	59	7

출처 : 문화체육관광부

　　포항시는 경상북도 내에서도 인구와 산업 시설의 분포가 상위에 있지만, 비슷한 시·군에 속하는 경주, 안동, 김천시에 비하면 등록 업소가 많지 않다. 뿐만 아니라 위 표와 같이 상업시설뿐만 아니라 무료로 사용할 수 있는 공공체육시설 역시 그리 많다고 볼 수 없다.

표 5. 경북 지역 무료 공공체육시설

지역	계(개소)	체육공원	둔치	마을공터	아파트단지	약수터	등산로	도시공원	기타
계	2,510	94	91	1,033	71	12	205	296	708
포항시	72	13	5	15	0	0	28	7	4
경주시	158	26	11	63	1	1	4	27	25
김천시	123	2	3	40	0	3	23	30	22
안동시	344	18	10	23	43	0	24	62	164
구미시	336	3	7	160	0	0	33	96	37
영주시	45	1	0	12	1	1	17	1	12
영천시	147	1	11	68	6	1	22	35	3
상주시	473	0	4	124	7	0	0	1	337
문경시	110	1	8	64	5	3	5	14	10
경산시	60	1	10	10	4	0	11	19	5
군위군	77	1	0	66	0	0	10	0	0
의성군	272	9	6	231	1		4		21
청송군	13	4	0	2	0	0	3	1	3
영양군	3	2	0	0	0	0	1	0	0
영덕군	76	1	1	66	0	0	3	0	5
청도군	64	3	6	41	0	0	3	0	11
고령군	26	2	0	8	0	0	3	1	12
성주군	18	0	3	6	0	0	2	1	6
칠곡군	24	2	3	4	3	2	3	1	6
예천군	15	2	0	10	0	0	2	0	1
봉화군	38	2	0	11	0	1	3	0	21
울진군	16	0	3	9	0	0	1	0	3
울릉군	0	0	0	0	0	0	0	0	0

출처 : 문화체육관광부

지역별 스포츠 산업 현황을 포항시가 포함된 경북 등 전체 시도별로 살펴보면 아래 그림과 같다.

포항시는 덕성 학원과 종합휴양 문화시설 개발 MOU를 맺었는데, 내용을 살펴보면 포항시 남구 동해면 발산리와 구룡포읍 호미곶면 일대 107만 평에 5,500억 원을 투자해 종합휴양 문화시설을 2022년까지 2단계로 건립할 예정이다.

칠포해수욕장과 인접한 곤륜산에 동해안 바다를 바라보면서 패러글라이딩을 즐길 수 있는 활공장이 있으며, 최근 포항시는 친환경 녹색도시를 표방하는 '포항 그린웨이(Green Way)'로 '포항 둘레길'을 개발했다. 해안에는 영일만 해오름 탐방로, 장기~호미곶 해안 둘레길 등을 조성해 해양관광을 활성화하고, 농업용 저수지를 활용한 오어지 둘레길, 조박 저수지 둘레길을 통해 친수공간을 확충해 나가고 있다.

호미 반도 해안 둘레길은 한반도 최동단 지역으로, 영일만을 끼고 동쪽으로 쭉 뻗은 도보여행 길이며 서쪽의 동해면과 호미곶면, 장기면에 걸쳐 있다. 장기면 두원리에서 송라면 내연산까지 시 경계 종주 숲길 175㎞와 일출과 해넘이를 모두 볼 수 있다.

포항시는 자연환경과 공업시설 전체를 관광 인프라로 구축하고, 2011년 스포츠 과학 박람회에서 스포츠 산업단지 조성을 통해 스포츠 도시로 선포한 사실이 있으며, 이를 정책적으로 꾸준히 진행 중이다.

그림 4. 지역별 스포츠 산업현황

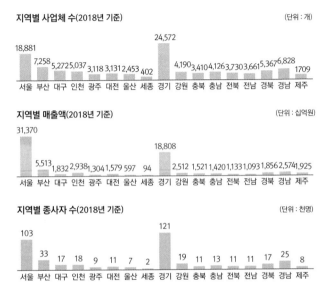

지역별 사업체 수(2018년 기준) (단위 : 개)

지역별 매출액(2018년 기준) (단위 : 십억원)

지역별 종사자 수(2018년 기준) (단위 : 천명)

출처 : 문화체육관광부

◢ 포항시의 스포츠관광 이미지 구축

스포츠관광 이미지의 개념과 구성요소

스포츠관광 이미지를 세 가지 측면으로 나눌 수 있다(이웅규·

김은희, 2017).[18]

첫째, 심리적 측면의 이미지로서 스포츠관광을 통해 스포츠관광객의 스트레스를 해소하고 주변 동료와의 친밀도를 향상시킬 수 있다.

둘째, 체험적 측면의 이미지로서 스포츠에 직접 참여하거나 관람을 통해 간접적으로 긴장감과 체험성, 스포츠경기의 규칙성과 공정성, 놀이성, 유희성 등을 경험할 수 있다.

셋째, 스포츠관광지에 대한 인지적 이미지로서 관광지의 자연경관, 문화시설, 향토음식 등 인프라를 통한 스포츠관광객의 기대 및 지각에 영향을 미친다 (박동진·손광영, 2004).[19]

스포츠관광객을 위한 스포츠관광 개최도시는 관광 마케팅 수단으로서 스포츠 이미지를 이용하고 참가자와 관광객들은 비용을 지급함으로써 지역 경제가 활성화될 수 있도록 해야 한다.

포항시의 지역 스포츠관광

포항시는 2019년 전국 스포츠 클럽 동호인 축제의 장 '제4회 전국 스포츠 클럽 교류대회'를 개최했다. 포항시 체육회, 영일만

---

18 스포츠관광으로서의 국궁의 이미지와 매력요인 분석. 한국관광연구학회 2017 춘계 정기학술대회 발표논문집, 1-31.
19 관광동기, 이미지, 기대, 만족 및 충성도 간의 구조적 관계. 관광학연구, 28(3), 65-83.

스포츠 클럽이 공동으로 주관했으며 대한체육회 주최, 문화체육관광부, 국민체육진흥공단, 경북체육회가 후원했다.

총 10개 종목에서 전국 74개 공공스포츠 클럽, 생활 체육동호인 등 4,500여 명이 참석해 3일 동안 진행되었다. 2020년 현재 전국에 2,800여 명의 생활체육 지도자가 등록되어 있는데, 이중 포항을 포함한 경북 지역 생활체육 지도자는 244명이며 137명은 일반인을 대상으로 강사 활동을 하고 112명은 어르신을, 2명은 유소년을 지도 중이다.

표 6. 2020년 '전국 생활체육 지도자 지역별 배치 현황'

지역	2018			2019				2020			
	일반	어르신	계	일반	어르신	유소년	계	일반	어르신	유소년	계
서울	165	158	323	172	158	8	338	179	159	6	344
부산	72	43	115	73	44	0	117	73	44	0	117
대구	57	42	99	58	42	0	100	59	43	0	102
인천	50	37	87	60	40	0	100	66	41	0	107
광주	43	29	72	48	32	0	80	48	32	0	80
대전	85	35	120	82	35	0	117	77	34	0	111
울산	48	26	74	49	26	0	75	49	26	0	75
세종	6	5	11	8	5	0	13	10	5	2	17
경기	171	158	329	180	162	0	342	185	160	5	350

지역	2018			2019				2020			
	일반	어르신	계	일반	어르신	유소년	계	일반	어르신	유소년	계
강원	108	88	196	109	87	0	196	110	83	1	194
충북	74	68	142	75	67	0	142	76	67	0	143
충남	76	72	148	93	77	4	174	96	80	6	182
전북	71	78	149	76	82	1	159	77	83	3	163
전남	110	131	241	120	133	0	253	122	134	1	257
경북	117	107	224	130	112	2	244	137	112	2	251
경남	123	94	217	137	98	1	236	154	99	1	254
제주	25	28	53	26	28	0	54	26	27	0	53
합계	1,401	1,199	2,600	1,496	1,228	16	2740	1,532	1,229	27	2,800

출처 : 문화체육관광부

포항시는 시 승격 70주년을 맞이해 2019년을 '포항 방문의 해'로 지정했으며 포항지진 이후 침체한 지역경제에 활력을 불어넣기 위한 계기로 삼겠다고 했다. 대회를 통해 지역이 보유한 자연환경과 지역이 보유하고 있는 체육 인프라를 적극적으로 활용해 명품 스포츠 도시로 도약하겠다고 다짐했다. 역대 최대 참가자를 기록한 대회 기간 숙박, 식당, 지역 특산물 판매 등 경제 유발 효과도 예상보다 초과 달성되는 쾌거를 이뤘기에 그 의미는 남다를 것이다.

포항시는 영일만이라는 천혜의 자연을 활용해 각종 해양 레포츠 시설 확립과 인프라 구축에 힘쓰고 있다. 또한, 해양스포츠 활성화를 위해 형산강 수상레저타운 등 다목적 다기능 복합시설을 추진하고 영일만, 칠포 등 해수욕장마다 딩기 요트와 제트스키, 서핑 등 특화된 해양 레포츠 도시화에 앞장서고 있다.

세계관광기구(UNWTO)에 따르면 세계 관광시장은 최근 10년간 연평균 4.3%의 성장세를 기록하고 있다. 2012년 기준 세계 관광객 규모는 10억 명, 시장 규모는 1조 2천억 달러 정도이다. 최근 10년간 권역별 관광객 비중은 미국·유럽 시장이 13% 감소했지만, 아시아·태평양 시장은 11% 증가한 것으로 나타났다. 이중 전체 관광시장에서 해양관광이 차지하는 비중은 약 50%로 추산하고 있다.

포항시는 스포츠관광 활성화와 독자적인 관광 상품개발을 위해서 특화된 스포츠관광지와 이에 걸맞은 스포츠관광 프로그램, 스포츠관광시설 등 정책을 꾸준히 하고 있다.

오는 2021년 '제16회 전국해양 스포츠 제전' 개최지로 포항시의 영일대해수욕장과 형산강 일원이 최종 선정되었다. 해양수산부는 포항시의 선정 신청에 따라 현장평가를 통해 적합 여부를 판단했고 '전국해양스포츠제전위원회' 심의를 거쳐 최종 선정된 것이다.

포항시는 지난 2010년에도 같은 대회를 개최한 전력이 있으며, 영일대해수욕장과 형산강 일대에서 전국요트대회, 전국서핑대회, 전국트라이애슬론 대회 등 다양한 종목의 해양스포츠를 성공적으로 개최한 경험이 있어, 이번 대회 역시 성공을 기원하고 있다.

포항시는 지진과 철강 산업의 침체 등으로 어려움을 겪고 있어 '전국해양스포츠제전'을 통해 세계적인 해양관광 도시로 발돋움할 기회를 얻게 되었다. 한편, 해양수산부는 국비 7억 원을 지원할 예정이라고 한다.

세계 4대 테니스 대회, 춘천 마라톤 대회 등 특화되고 매력적인 스포츠 상품은 관광으로 연결되어, 외래 관광객을 유치할 수 있는 전략적 수단이 되고 있다. 또한, 스포츠 도시의 이미지는 과거 구축된 이미지를 변화시킬 수 있다.

포항시는 2017년 지진으로 큰 피해를 보았고 여전히 피해 복구 등 문제가 산적해 있다. 이러한 이미지는 포항의 대외 신뢰감이나 불안한 이미지로 굳어질 수 있다. 현재 포항은 '지진'이라는 불안정한 이미지가 강하게 남아 있다. 이를 불식시키기 위해, 코로나 사태 이후 해외여행보다 국내여행을 선호하는 시점에서 매력적인 스포츠관광 상품 하나가 외래 관광객을 유치하며 지역의 불안정한 이미지를 바꾸고 관광객의 방문 및 재방문 의도에 큰 영향을 줄 수 있다.

최근에는 다양한 형태의 스포츠관광이 사회적으로 수요가 크게 높아지는 추세에 힘입어 스포츠관광이 국가발전의 한 축이 되고 있다. 이제 스포츠관광을 단순하게 스포츠와 관광을 연계시킨다는 의미를 넘어서 특화된 하나의 관광 상품으로 개발해 집중적으로 육성해야 한다.

스포츠관광이 활성화되지 않는 지금의 단계에서 적극적인 스포츠관광정책과 함께 인프라 구축을 통한다면 포항시가 가진 스포츠의 건강한 이미지, 도전적 이미지, 공정한 이미지가 정착될 것으로 생각한다.

참고문헌

김 종·조성식 (2007). 지방자치단체 체험형 스포츠 테마파크의 지역사회 발전 및 지역경제 기여방안. 체육과학연구, 18(4), 185-196.

김희수 (2010). 제6장 관광산업의 산업적 특성과 발전 전망.

강순희·황수경·권혜자·김인선·김준영·김희수·신범석·오계택·정헌일, 고용구조 선진화를 위한 서비스산업의 일자리 창출 역량제고 방안(II) – 문화산업과 관광산업-, 172-208.

민웅기·박봉규 (2015). 세계화 시대의 관광 활성화를 위한 관광정책 및 기업경영전략에 대한 대안적 논의-공공적 관광정책과 경쟁우위의 기업경영전략을 중심으로-. 동북아관광학회, 11(2), 1-20.

이강욱·박정은 (2011). 관광산업의 경제효과 분석 -2009년 산업연관표 기준. 한국문화관광 연구원.

이웅규·구정대 (2019). 스포츠관광의 이미지와 매력요인을 활용하기 위한 탐색적 고찰. 관광연구저널, 33(3), 21-37.

이웅규·김은희 (2017). 스포츠관광으로서의 국궁의 이미지와 매력요인 분석. 한국관광연구학회 2017 춘계 정기학술대회 발표논문집, 1-31.

임태성(2001).지역사회 발전을 위한 2010년 동계올림픽개최전략 -강원도를 중심으로.한국체육학회지.40(1).723-736

박동진·손광영 (2004). 관광동기, 이미지, 기대, 만족 및 충성도 간의 구조적 관계. 관광학연구, 28(3), 65-83.

Crompton, J. L. (2004). Beyond economic impact: An alternative rationale for the public subsidy of major league sports facilities. Journal of Sport Management, 18(1), 40-58.

Getz, D. (1998). Trend, strategies, and issues on sport-event tourism. Sport Marketing Quarterly, 7(2), 8-13.

Gibson, H. J. (1998). The wide world of sport tourism. Parks & Recreation, 33(9), 108-114.

Gibson, H. J. (2005). Towards an understanding of 'why sport tourists do what they do'. Sport in Society, 8(2), 198-217.

Harrison-Hill, T., & Chalip, L. (2005). Marketing sport tourism: Creating synergy between sport and destination. Sport in Society, 8(2), 302-320.

Kurtzman, J., & Zauhar, J. (1995). Tourism sport international council. Annals of Tourism Research, 22(3), 707-708.

Musante, M., Milne, G. R., & McDonald, M. A. (1999). Sport sponsorship: Evaluating the sport and brand image match. International Journal of Sports Marketing and Sponsorship, 1(1), 24-39.

Sheng, C. W., Shen, M. J., & Chen, M. C. (2008). An exploratory study of types of special interest tour preferences and preference demographic variables analysis. International Journal of Culture, Tourism and Hospitality Research, 2(3), 271-284.

Standeven, J., & Knop, P. D. (1998). Sport tourism. Human Kinetics Publishers.

민병남 閔丙南

1974년 생. 수원대학교에서 박사 학위를 취득하였으며, 현재 포스텍
인문사회학부 교수로 재직하고 있다. 주요 연구 및 관심분야는 트레이닝방법론
및 스포츠레저, 스키 등이고, 현재 대한스키지도자연맹 주니어분과 위원으로
최근에 발표한 논문으로는 "민간경비 채용과정의 문제점 및 개선방안에 관한
연구"(2021)등이 있다.

스포츠이벤트와
스포츠관광을 결합하라

스포츠이벤트는 무엇인가

스포츠이벤트는 일정한 시기와 장소에서 직간접적으로 참여하는 사람들을 대상으로 진행하는 행사로서, 스포츠 요소를 중심으로 다양한 오락, 문화 그리고 관광 등의 요소가 포함된 모든 형태의 계획 프로그램이라고 말할 수 있다(박성화·이명권, 2014).

스포츠이벤트는 비단 스포츠 대회를 개최하는 것에서 그치는 게 아니라 기타 부수적인 문화행사 및 개최 지역에서 진행되는 모든 활동을 포함하는 것이다(조민호, 2001).

지금까지의 스포츠이벤트는 스포츠 자체에서 보급되는 것과 활성화를 시키고자 하는 목적으로 유치 및 개최되었다. 하지만 최근에는 스포츠이벤트의 유치 및 개최로 경제적 효과와 더불어 지역주민의 유대감 형성, 나아가 개최 지역에서의 지역 활성화 및 관광산업의 활성화 등 긍정적인 효과가 부각되면서 전 세계 적으로 관심을 받고 있다.

Ritchie(1984)는 스포츠이벤트로 발생하는 6가지 긍정적 파급효과를 제시했다.

첫째는 경제적 효과이다. 스포츠이벤트로 소비가 증대되며 고용 창출이라는 효과를 가진다.

둘째, 물리적 측면이다. 스포츠이벤트로 경기장, 숙박 등 새로운 시설을 건축하게 되며 지역사회의 기반시설을 향상시킬 수 있다.

셋째, 사회문화적 측면이다. 스포츠이벤트와 관련한 지역을 향한 많은 관심과 참가의 지속적인 증가로 이어진다. 지역의 전통과 가치 역시 강화되는 측면이 있다.

넷째, 심리적 측면이다. 스포츠이벤트 유치 및 개최로 지역사회의 자긍심과 공동체 정신을 강화할 수 있다.

다섯째, 정치적 측면이다. 스포츠이벤트 유치 및 개최로 전 세계의 시선이 집중되어 국제사회에서 지역사회의 인지도가 향상되며 지역주민과 정부 등 정치적 가치 역시 늘어날 수 있다.

마지막으로 관광산업적 측면이다. 스포츠이벤트 유치 및 개최로 관광의 목적지가 되어, 잠재적 투자와 상업적 활동 등 관련된 지식이 증가된다.

Ritchie(1984)는 스포츠이벤트로 발생하는 부정적 파급효과도 6가지 제시했다.

첫째는 물가상승 및 부동산 투기, 둘째는 지역 권력을 위한 새로운 경쟁과 정부의 보조 때문에 기존 기업으로부터의 부정적 반응, 셋째는 환경훼손, 넷째는 관광에 적용된 이벤트 본질의 변형, 다섯째는 지역민과 방문객 간의 적개심 유발 가능성, 여섯째는 축제일의 정치적 시스템 가치반영으로 인한 이벤트의 왜곡이다.

스포츠이벤트와 관련한 수많은 선행연구에서는 스포츠이벤트 유치 및 개최로 부정적 효과보다 긍정적 효과가 더 크게 발생한다고 제시하고 있다. 특히, 소비증대와 고용창출이라는 경제적 측면, 관광목적지로서의 개최지 인지도 향상과 같은 관광산업적 측면, 새로운 시설의 건축 및 지역의 기반시설 향상 등 물리적 측면 그리고 지역주민들의 지역에 대한 자긍심과 공동체 정신의 강화 등 그 효과는 지대하다.

따라서 스포츠이벤트의 효과는 스포츠의 운동경기라는 자체 효과뿐만 아니라 지역사회의 경제적·심리적·사회문화적 등 다양한 측면에서 긍정적 효과가 발생할 수 있다.

스포츠이벤트의 종류는 동·하계 올림픽, 동·하계 아시안게임, 동·하계 유니버시아드대회, FIFA 월드컵, 월드 베이스볼 클래식 등 매우 다양하다. 스포츠이벤트 중 한국에서 유치한 메가 스포츠이벤트를 살펴보자.

그림 1. 오륜기

첫째, 올림픽이다. 올림픽은 4년마다 열리는 국제 스포츠 경기 대회로, 각국의 운동선수들이 조국의 명예를 걸고 겨루는 대회이다(다음 백과, 2020.06.18. 검색). 올림픽의 상징인 오륜기는 5개의 대륙과 5개 대륙 사람들의 결속을 의미하는 것으로, 전 세계인의 우애증진과 평화도모, 각국 간의 문화를 이해할 수 있는 기회를 제공한다(강광배, 2007). 한국은 1988년 서울에서 하계 올림픽을 개최했으며, 동구권 및 서구권의 세계 각국에서 참가해 국가 간

의 우호증진과 긴장완화라는 찬사를 받았다(최지훈, 2020). '88 서울 올림픽은 산업 생산유발 및 고용창출, 관광산업, 국제적 지위 향상 등 긍정적인 경제적 효과를 가져왔으며, 올림픽이 막을 내리고 10년이 지난 후 국민의 의견을 조사한 결과, 성공적인 올림픽 개최라는 긍정적 평가가 주를 이뤘다(주효뢰, 2006).

둘째, 아시안게임이다. 아시안게임은 제2차 세계 대전이 끝난 후 1948년 런던 올림픽이 열리던 기간 중 아시아 지역 나라에서 각 나라 간 우호와 세계평화를 촉진할 목적으로 창설되었다(네이버 지식백과, 2020.06.18. 검색).

그림 2. 아시안게임 상징 오륜기

한국은 1986년 서울, 2002년 부산, 2014년 인천에서 아시안게임을 개최했다. 2002년 부산아시안게임은 부산의 인프라 확충, 경제화 기반 구축, 남한과 북한의 교류협력에 있어서 기반을 조성했으며, 부산 시민의 화합을 제고 하는 등 부산이 세계적인

도시로 발전하는 데 결정적 계기로 작용했다(윤철훈, 2010). 부산 아시아경기대회조직위원회(2003)에서 밝힌 경제적 효과로는 지출이 총 4조 9,175억 원, 생산유발효과는 11조 814억 원, 부가 가치 효과가 4조 9,756억 원 그리고 29만 8천여 명을 고용했다고 조사되었다.

셋째, FIFA(Federation Internationale de Football Association)가 주관하는 월드컵이다. 월드컵은 축구라는 단일 종목으로 전 세계 모든 이가 열광하는 세계적인 스포츠이벤트이다. 19세기 말 올림픽이 부활하고 스포츠의 세계화 열풍이 불기 시작해 유럽 각국은 축구협회 연합체를 조직할 것을 제의했으나, 축구 종가인 영국에서 별다른 반응이 없자 프랑스, 벨기에, 스페인 등 유럽 7개국이 프랑스 파리에 집결해 국제축구연맹을 결성하면서 시작되었다(강광배, 2007).

그림 3. 2002년 한일 월드컵

한국은 2002년 일본과 함께 월드컵을 개최했으며, 역대 최고 성적인 4위를 기록했다. 2002 한일 월드컵 개최로 우리나라는 길거리 응원과 성숙한 시민의식 등 건전한 스포츠 문화가 정착했으며, 세계 속에서 한국의 위상을 높일 수 있었다. 2002년 한일 월드컵의 경제적 효과로는 지출이 총 3조 4,707억 원, 생산유발효과는 11조 4,797억 원이며 부가가치는 5조 3,357억 원으로 조사되었다. 그리고35만 명의 고용창출효과가 조사되었다.

국제 스포츠 외에 현실적으로 우리 지역에서 유치 가능한 국내 스포츠이벤트가 있다. 전국체육대회, 전국동계체육대회, 전국소년체육대회 등이다.

전국체육대회는 1920년 전조선야구대회를 시작으로 2019년에 100회를 맞이했으며, 국내에서 열리는 가장 큰 종합스포츠대회이다. 가장 최근에 서울에서 개최된 제100회 전국체육대회에서는 골프, 궁도, 근대5종, 댄스스포츠, 롤러, 볼링, 사격, 산악, 수상스키, 웨이크보드, 수영, 승마, 양궁, 에어로빅, 역도, 요트, 육상, 자전거, 조정, 철인3종, 체조, 카누, 핀수영, 농구, 럭비, 배구, 세팍타크로, 야구소프트볼, 축구, 하키, 핸드볼, (수구), 검도, 바둑, 배드민턴, 스쿼시, 소프트테니스, 탁구, 테니스, 펜싱 등 45종목이 정식종목이었고, 보디빌딩 및 택견의 2종목이 시범종목으로 운영되었다. 참가인원은 24,988명으로 선수가 18,588명, 임원이 6,400명이었다. 포항시가 소속된 경북은 서울, 경기 다음으로 3위를 차지했다.

전국동계체육대회는 국내 최고의 겨울스포츠 축제로, 2020년 2월에 서울, 강원, 경기, 경북 등 분산개최로 101회를 맞이했다. 빙상(스피드, 쇼트트랙, 피겨), 스키(알파인, 크로스컨트리, 스노보

표 1. 제100회 전국체육대회 메달 집계

구분	2019			
	금메달	은메달	동메달	계
서울	128	126	144	398
부산	51	51	78	180
대구	54	46	80	180
인천	58	57	98	213
광주	46	53	77	176
대전	50	53	62	165
울산	51	35	54	140
세종	7	5	9	21
경기	137	130	118	385
강원	49	63	87	199
충북	61	66	86	213
충남	51	51	82	184
전북	46	44	77	167
전남	38	49	60	147
경북	79	79	117	275
경남	59	61	82	202
제주	26	14	34	74

출처 : 전국체육대회 홈페이지

드), 아이스하키, 바이애슬론, 컬링 등 5종을 정식종목으로, 봅슬레이스켈레톤(스타트), 산악(아이스클라이밍) 등을 시범종목으로 운영되었다. 임원 및 선수 등 3,800여 명이 참가했다. 포항시가 포함된 경북은 9위를 차지했다.

표 2. 제101회 전국동계체육대회 메달 집계

구분	2020			
	금메달	은메달	동메달	계
서울	41	57	62	160
부산	3	6	12	21
대구	8	7	17	32
인천	12	5	6	23
광주	0	1	1	2
대전	1	1	6	8
울산	1	3	2	6
세종	3	2	0	5
경기	97	88	70	255
강원	46	41	43	130
충북	7	3	7	17
충남	4	4	2	10
전북	27	26	16	69
전남	3	2	8	13
경북	9	5	5	19
경남	0	2	1	3
재일	1	1	0	2

출처 : 전국동계체육대회 홈페이지

전국소년체육대회는 청소년들이 건강한 신체와 건전한 정신을 함양하게 하고 체육 유망주 선수를 조기에 발굴해 엘리트 선수로 육성함으로써, 대한민국이 스포츠 강국으로 자리매김하고자 운영하고 있다. 2019년에 제48회 전국소년체육대회가 전라북도 일원에서 개최되었으며, 육상, 수영, 축구, 야구소프트볼, 테니스, 정구, 농구, 배구, 탁구, 핸드볼, 럭비, 자전거, 복싱, 레슬링, 역도, 씨름, 유도, 검도, 양궁, 사격, 체조, 하키, 펜싱, 배드민턴, 태권도, 근대3종, 롤러, 카누, 조정, 볼링, 요트, 철인3종, 골프, 바둑, 승마, 에어로빅 등 36종이 정식종목으로 운영되었다. 참가인원은 17,234명으로 선수가 12,231명, 임원이 5,003명이었다.

현대인들은 건강에 대한 높은 관심으로 스포츠를 통해 건강과 함께 삶의 질을 높이고자 한다. 스포츠는 현대인이 가장 선호하는 여가로 선정(김동건, 2014)되었으며, 스포츠 산업 분야는 매년 급속도로 성장하고 있다.

스포츠 분야에서 각광받고 있는 분야 중 하나가 바로 스포츠관광이다. 스포츠관광은 빅토리아 블랙의 『Tourism and Sport』라는 저서를 통해 소개되었다. 스포츠관광에 대한 학자들의 개념은 조금씩 상이하다.

Hall(1992)은 스포츠이벤트에 참여하는 여행과 스포츠 관전을 목적으로 하는 여행이라고 정의를 했고, Gibson(1998)은 한 개인이 거주하는 지역을 잠시 떠나 스포츠이벤트에 참여하고 스포츠이벤트와 연관되어 있는 관광상품을 관전하는 여가 활동이라고 정의했다. 국내에서는 이용철(2005)이 관광과 스포츠이벤트를 결합한 일정 부분을 스포츠이벤트관광이라고 정의했다.

스포츠관광은 관점에 따라 다양하게 분류될 수 있다.

먼저, 자연환경에 따라 지상스포츠관광과 수상스포츠관광 그리고 항공스포츠관광으로 분류할 수 있다. 지상스포츠관광은 골프, 승마, 등산 등 지상에서 직·간접적으로 활동하는 스포츠를 의미한다. 수상스포츠관광은 요트, 수상스키 등 해변을 중심으로 수상에서 직·간접적으로 활동하는 스포츠를 의미한다. 마지막으로 항공스포츠관광은 패러글라이딩, 모형항공 등 하늘에서 직·간접적으로 활동하는 스포츠를 의미한다.

그림 4. 스포츠관광

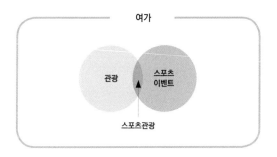

과거의 많은 스포츠 선수 및 동호인들은 지상스포츠로 많은 활동을 했으나, 현대에는 수상 및 항공스포츠에도 높은 관심을 가져 수상 및 항공스포츠 분야가 각광받고 있다.

스포츠관광은 관광 활동의 수단으로서 스포츠를 이용하는 것이다. 스포츠관광의 범위는 주체와 활동 내용에 따라 다양하게 분류할 수 있으나, 스포츠관광 저널(STIC, 1997)에서 발표한 자료에 의하면 '스포츠관광 매력물(sport tourism attractions)', '스

표 3. 자연환경에 따른 스포츠관광 종목

지상스포츠관광	골프, 승마, 등산, 캠핑, 야구, 축구, 마라톤, 인라인스케이트, 암벽등반, 서바이벌, 클레이사격, 자전거 및 산악자전거, 트레킹, 스포츠클라이밍, 번지점프, 모터사이클, ATV, 자동차 및 오토바이경주 등
수상스포츠관광	요트, 수상스키, 래프팅, 웨이크보드, 수상오토바이, 윈드서핑, 카이트서핑, 낚시, 스킨스쿠버, 카약, 카누, 모터보트, 스노클링, 워터슬레이트 등
항공스포츠관광	패러글라이딩, 행글라이딩, 모터패러글라이딩, 모형항공 및 드론, 초경량항공기(ULM), 스카이다이빙, 열기구 등

출처 : 김동건(2014) 재인용

포츠관광 리조트(sport tourism resorts)', '스포츠관광 크루즈(sport tourism cruises)', '스포츠관광 여행(sport tourism tours)', '스포츠관광 이벤트(sport tourism events)' 등 5개의 영역으로 구분하고 있다(위장량, 2015).

스포츠관광 이벤트는 스포츠이벤트 즉, 스포츠 경기를 통해 관광을 이용하는 것이다. 경제에 영향을 주기 때문에 이벤트 수입과 호텔 숙박 매출이 늘어나지 않으면 상대적으로 좋은 평판을 기대하기 어렵다. 스포츠 분야에서 성장이 가장 빠른 분야이다.

스포츠관광 매력물은 스포츠 경기에 관한 역사적 기념물을 방문하는 것으로, 스포츠관광을 관람하고자 하는 관광객이 의사결정을 함에 있어서 가장 중요한 초점의 대상이다. 관광객들에게 개인이나 사회적 기대의 다양한 수준에 부응한다.

스포츠관광 여행은 관광객들이 원하는 스포츠이벤트나 스포츠 시설 또는 스포츠관광 장소로 데려가는 것으로, 스포츠이벤트에 있어서 접근성, 위치, 활동의 특성 등에 따라 관광객 스스로 여행을 하거나 집단으로 이뤄질 수 있다.

스포츠관광 리조트는 스포츠 전문가, 지도자, 시설 등을 갖춰 관광객들이 스포츠 활동을 중심으로 체류할 수 있는 휴양지 개념이다. 레져 스포츠 시설들이 설치되어 있으므로, 관광객 및 일반 시민들이 선호한다.

스포츠관광 크루즈는 크루즈와 연계해 스포츠 또는 스포츠 관련 활동을 주요 마케팅 전략으로 하는 여행을 말한다. 호텔이나 리조트를 선박에 설치해 거대한 스포츠 시설을 갖추고 있다.

표 4. 영역별에 따른 스포츠관광

영역별	내용
스포츠관광 이벤트	국내외 스포츠 경기, 국제 마라톤, 스포츠 페스티벌, 월드컵 및 친선게임, 챔피언십
스포츠관광 매력물	스포츠 박물관 및 기념관, 명예의 전당, 스포츠 테마파크, 명문 골프 및 스키장
스포츠관광 여행	프로스포츠 경기, 스포츠연구 여행, 스포츠모험 여행, 사이클링 및 워킹투어, 골프, 스키, 다이빙 투어 등
스포츠관광 리조트	골프, 스키, 스쿠버리조트, 테니스리조트, 트레이닝캠프, 축구학교, 동계 및 하계 스포츠캠프, 낚시 및 사냥 리조트 등
스포츠관광 크루즈	골프와 테니스 크루즈, 세일링 크루즈, 스쿠버 및 스노클링 크루즈, 카누 및 카약, 요트크루즈 등

출처 : 위장량(2015) 재인용

관광은 본인이 거주하는 지역 혹은 타 지역 나아가 다른 나라 등에서 풍경, 풍습, 문화 등을 직접 보거나 직·간접적으로 체험하는 것으로, 즐거움을 목적으로 하는 여행 등을 의미한다(남상창, 2004).

관광은 환경에 따라 계속 변화하고 있다. 특히 1960~80년대에는 여행사에 의뢰해 관광이 진행되거나 직장 단체 관광이 활발히 진행되었다. 근거리 또는 중거리로 주로 이동했으며, 지인에게 다른 지역을 관광했다고 자랑할 수 있는 정도의 목적으로 이뤄졌다. 순수한 관광, 휴식, 감상 등이 주 활동이었으며, 여관이나 민박 등에서 숙박하고 대중교통을 이동 수단으로 삼았다. 낚시, 등산 등 도구와 장비를 이용했고 이를 통해 체력관리와 신체 및 정신건강을 도모했다.

하지만 1990년대 이후에는 가족을 중심으로 관광이 이뤄져, 개인이 직접 설계하는 DIY관광이 주를 이루게 되었다. 소규모로 관광이 진행되다 보니 벽지 및 도서 지역, 해외까지 나아갔고, 교육, 취미 등 자기개발을 중심으로 발전했다. 레포츠, 탐구모험 등을 진행하며 개인의 사생활이 보장되는 고가의 숙박시설을 선호하든지, 펜션, 민박 등 조용한 분위기를 선호했다.

표 5. 우리나라 관광 환경의 변화

구분	1960~80년대	1990년대
여행참가자 규모	단체관광: 여행사 알선, 직장단체	소규모 단체관광: 가족관광, DIY관광 (Prosumer형 관광)
여행거리	근거리, 중거리	장거리화(벽지·도서·해외까지)
목적의식	양 중심: 참가횟수 중시, 과시수단, 기념	질 중심: 문화·교육·체험·취미생활, 자기개발 효과 기대
활동성	정적행동: 관광·휴식·감상	동적행동: 놀이·레포츠·탐구모험
이용시설	저렴한 숙박시설: 여관·민박·여인숙	고가 숙박시설 및 프라이버시 보장 공간, 가족적 분위기, 실용적이고 검소한 시설 공간 선호: 호텔·콘도·모텔·산장·민박·야영
여행수단	대중교통수단	고가 교통수단, 승용차
내구성도구 이용	수렵·낚시·스키·골프·등반·수상스키·행글라이딩 등 도구와 장비 이용	산악, 수상, 해상, 레포츠 도구 보급 대중화. 레포츠장비산업 발달
전문성	단순관광: 구경, 요람	세분화된 목적형 관광 보급, 전문 관광 상품개발·판매
건강	체력관리, 신체와 정신건강	건강관리, 실버대상 관광

출처 : 최우규(2006) 재인용

관광의 수단으로는 자동차를 이용하거나 비행기 등 고가의 교통수단을 활용하고 레포츠 장비산업의 발달로 수상·해상 등 다양한 레포츠 활동이 가능하게 되었다.

마지막으로 관광을 통해 건강관리를 도모하고자 노인을 대상으로 하는 다양한 관광상품이 개발되고 있다. 최우규(2006)에 따르면 관광의 형태는 자연추구형 관광, 모험추구형 관광, 문화추구형 관광, 테마 관광 그리고 크루즈 관광으로 구분할 수 있다.

표 6. 관광의 형태

관광형태	내용
자연추구형 관광	자연환경 보전의 필요성에 대한 인식과 자연 체험의 욕구가 맞물려서 함께 상승하고 있음. 새로운 관광개념으로 생태관광, 녹색관광, 저환경 영향관광, 책임관광 및 대안관광 등이 있음.
모험추구형 관광	WTO는 미래관광형태에 대한 전망을 하면서 생태관광과 모험관광이 21세기의 새로운 관광상품이 될 것으로 전망함. 최근 50대 이상의 관광객들이 증가하고 있으며, 이들의 모험과 즐거움 그리고 교육적 내용이 잘 조화된 단체관광 상품을 선호함.
문화추구형 관광	최근 문화관광을 즐기려는 여행자들이 급속히 증가하고 있으며, 소규모 수학여행 집단에서 휴가 여행자에 이르기까지 다양함. 자유시간을 여유하고 장기간에 걸쳐 한 가지를 습득하고자 하는 의지가 높아지면서 역사, 문화, 예술 등을 실제적으로 체험하고자 하는 관광형태가 커짐.
테마 관광	평범한 휴가 동기를 갖는 관광형태에서 특별한 주제와 흥밋거리를 주요 동기로 하는 관광형태로 바뀌고 있음. 이색적인 주제를 갖는 관광지는 대중적인 휴가지로 급부상하고 있으며, 세계 도처에서 새로운 주제공원들이 계속 개발되고 있는 추세.
크루즈 관광	1997년 700만 명이던 크루즈 여행객은 2000년에는 1,000만 명으로 증가하였으며, 이러한 추세에 따라 세계 각국에서는 다양한 크루즈 상품을 개발하고 있음. 단기간의 크루즈 상품보다, 다양한 가격대의 상품 등의 요인들이 크루즈 시장의 잠재력을 넓히는데 기여할 전망.

출처 : 한국문화관광정책연구원(2002)

자연추구형 관광은 자연환경 보전의 필요성에 대한 인식과 자연 체험의 욕구가 맞물려 함께 상승하고 있는 분야이다. 자연의 보전과 관광개발이라는 갈등을 해소하고자 새롭게 도입된 관광

형태이다. 생태관광, 녹색관광, 저환경 영향관광, 책임관광 및 대안관광 등이 있다.

1998년 WTO는 미래관광 형태에 대한 전망으로 모험추구형 관광이 21세기의 주축 관광상품이 될 것으로 내다봤다. 최근 50대 이상의 중장년층 및 노년층 관광객들이 증가하고 있으며, 모험 및 즐거움 그리고 교육적 내용이 잘 조화된 관광상품이다. 최근 많은 이가 새로운 즐거움을 찾고자 하여 급속히 증가하고 있다.

문화추구형 관광은 수학여행에서 휴가 여행까지 유형이 매우 다양하다. 자유시간을 여유하고 장기간에 걸쳐 한 가지를 습득하고 하는 의지가 높아지면서 역사, 문화, 예술 등을 실제로 체험하고자 하는 관광형태가 커지고 있다.

테마 관광은 기존의 평범한 휴식을 즐기고자 하는 관광형태에서 특별한 주제와 흥밋거리 등을 주요 동기로 하는 관광형태로 변화하는 특징을 가지고 있다. 세계의 다수 지역에서 관광객들의 시선을 사로잡을 수 있는 주제를 발굴해 관광객을 유치하고 있다. 언론 및 SNS를 통해 급성장하며 대중적인 휴가지로 급부상하고 있다.

마지막으로 크루즈 관광은 세계 각국의 도처를 여행할 수 있는 관광유형으로 기하급수적으로 증가하고 있다. 단기간보다 장기간의 상품이 인기가 있으며, 다양한 가격대의 관광상품 등으로 잠재력을 넓힐 것으로 전망되고 있다.

표 7. 관광지의 일반적 구분

기준		유형
관광자원의 특성	자연관광자원 중심형	산악, 해안, 하천, 도서, 호반, 온천, 동굴형
	인문관광자원 중심형	문화, 전적, 사회, 산업, 농촌, 도시, 스포츠형
관광지의 입지	내륙형	자연(하천, 호수, 온천, 동굴)과 인문자원복합형(문화, 사회, 산업) 자원복합형
	산악형	태백, 광주, 차령, 소백, 노령산맥 주변 자연공원과 산지 및 제주도 화산
	해안형	해수욕장, 관동 8경, 서해안 갯벌, 태안 해안, 한려해상·다도해 국립공원
관광 목적	휴양·휴식형	자연공원, 유원지, 자연휴양림, 온천지구
	치료·보양형	의료/한방과 관련된 치료·보양 관광지 미개발
	위락형	자연공원, 도시공원, 테마파크, 관광특구, 카지노
	문화유적 감상	고궁, 고분, 사찰, 사적, 서원, 성곽 및 선사유적지
	자연경승지 탐방형	산악공원, 동굴, 협곡, 하천, 호수 및 도서
	교육·교화형	청소년 야영촌, 박물관, 기념관, 전적지, 유적지

출처 : 오종환(2007) 재인용

관광지는 관광자원의 특성, 관광지의 입지 그리고 관광 목적에 따라 구분된다. 관광자원의 특성은 산악, 해안 등의 자연관광자원 중심과 문화, 사회, 산업 등의 인문관광자원 중심으로 구분한다. 관광지의 입지는 자연과 인문자원복합형, 자원복합형 등의 내륙형과 태백, 광주 등의 산악형 그리고 해수욕장, 서해안 갯벌 등의 해안형으로 구분할 수 있다. 관광 목적은 휴양 및 휴식형, 치료 및 보양형, 위락형, 문화유적 감상, 자연경승지 탐방형, 교육 및 교화형으로 구분할 수 있다. 구체적인 내용은 표 '관광지의 일반적 구분'과 같다.

⓵ 영일만항 정기항로

영일만항 정기항로는 204km 해안선을 따라 펼쳐지는 희망찬 동해바다를 통해 대양으로 향하는 길이다. 전 세계 항로에서 포항이 중심이 되는 것을 의미한다.

그림 5. 영일만항 정기항로

출처 : 포항시 시정현황

② 포항 12경

포항은 한국에서도 아름다운 풍경을 제시하는 도시이다. 포항의 12경은 아래와 같다. 스포츠이벤트와 스포츠관광을 결합함으로써 외국인을 대상으로 한 새로운 관광형태를 제시할 수 있다.

그림 6. 주말에 가기 좋은 포항 12경

1경	호미곶일출	7경	경상북도수목원 사계
2경	내연산 12폭포 비경	8경	연오랑세오녀테마공원
3경	운제산 오어사 사계	9경	철길숲&불의정원
4경	호미반도 해안둘레길	10경	죽장 하옥계곡 사계
5경	영일대 & 포스코 야경	11경	장기읍성 & 유배문화체험촌
6경	포항운하	12경	구룡포 일본인가옥거리

출처 : 포항시 시정현황

③ 포항의 먹거리

포항은 다양한 먹거리로 관광에 있어서 또 다른 재미를 줄 수 있다. 특히 과메기와 물회 같은 먹거리는 그 어느 지역, 나라에서도 맛볼 수 없다. 따라서 관광과 결합한 먹거리를 제공할 수 있다.

그림 7. 포항 먹거리

자연의 맛 풍부한 일조량으로 포항이 키운 다양한 농산물		바다의 맛 청정 심해에서 포획하여 단백하고 쫄깃한 수산물	
사과	꿀사과 높은당도 일조량 풍부	과메기	전국 생산량 90% 꽁치 겨울
산딸기	장기면 재배면적 전국2위	물회	어부들의 패스트푸드 여름별미
부추	맑은 해풍 비오는날 부추전	돌문어	보양식 돌문어축제 매년4월
시금치	포항초 영양이 가득 지리적 표시등록 제96호	돌장어	스테미너 돌장어축제 매년7월

출처 : 포항시 시정현황

4 **포항의 축제**

포항에서는 다양한 축제가 열린다. 매년 초의 해맞이를 시작으로 매월 각기 다른 축제들이 개최되고 있다. 스포츠이벤트와 축제를 결합하면 색다른 스포츠이벤트 및 관광의 시대를 맞이할 수 있다. 이러한 결합은 지역의 발전을 도모할 수 있다.

그림 8. '흥'과 '멋이 있는 다양한 포항 축제

1월	호미곶한민족해맞이축전	매년 12월 31일 ~ 1월 1일 / 호미곶광장
2월	구룡포 대게축제	매년 2월 ~ 3월 / 구룡포 아라광장
3월	죽장 고로쇠 축제	매년 3월경 / 죽장중고등학교
4월	호미곶 돌문어 축제	매년 4월 / 호미곶새천년광장
	해병대문화축제	매년 4월 마지막주 토일 / 오천읍일원, 해병대1사단

월	축제명	일정 / 장소
5월	포항국제불빛축제	매년 5월 마지막주 금요일 / 영일대해수욕장, 형산강체육공원
6월	장기 산딸기 문화축제	매년 6월경 / 장기초등학교
7월	월포락페스티벌	매년 7월 ~ 8월 / 월포해수욕장 일원
8월	포항바다국제공연예술제	매년 7월 ~ 8월 / 영일대해수욕장 일원
9월	수산물페스티벌	매년 9월 / 영일대해수욕장, 포항수협수산물유통센터
	칠포재즈페스티벌	매년 9월 / 칠포해수욕장 일원
10월	포항스틸아트페스티벌	매년 9 ~ 10월경 / 영일대해수욕장, 포항운하 일원
	일월문화제	홀수년도 10월초 / 포항 일원(종합운동장, 문화예술회관, 환호공원 등)
11월	포항 사이언스 페스티벌	매년 10~11월 / 종합운동장 일원
12월	구룡포과메기 & 겨울바다페스티벌	매년 12월 31일 ~ 1월 1일 / 영일대해수욕장

출처 : 포항시 시정현황

포항시는 대한민국 내륙 최동단에 위치한 도시로 경북 동해안 영일만에 동해와 접해 있다. 1995년 전국행정구역 개편으로 포항시와 영일군이 통합되어 새로운 형태의 도농통합시를 이뤘다(다음백과, 2020.06.27. 검색). 2018년 12월 31일 기준으로 216,654세대에 515,945명이 거주하며 역사와 전통이 살아 숨쉬는 도시이다.

그림 9. 포항시

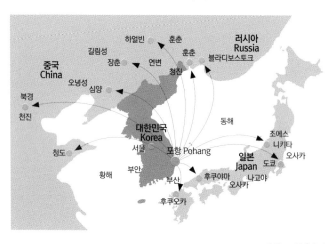

출처 : 포항시 홈페이지

지금까지 살펴본 바와 같이 스포츠이벤트 유치 및 개최에 따른 파급 효과는 경제·물리적 측면, 사회문화적 측면, 심리적 측면, 정치적 측면, 관광산업적 측면에서 발휘할 수 있다. 특히 관광산업적 측면에서 살펴보면 스포츠관광이라는 산업을 창출할 수 있다.

　　포항시를 지역적 측면에서 살펴보면, 동해에 접해 있어 다양한 스포츠이벤트를 유치하고 개최할 수 있다. 구룡포 해수욕장, 도구 해수욕장, 삼정 해수욕장, 영일대 해수욕장 등 8개 해변에 접해 있고 내연산, 비학산, 운제산 등 산세가 아름다운 산이 있다.

　　다양한 체험도 가능하다. 장기유배문화체험촌, 초롱구비마을 등이 있고 신광, 연산, 영일만 등의 온천도 있으며 포항함 체험관, 구룡포과메기문화관 등에서 다양한 체험도 가능하다. 한국로봇융합연구원, 포스코, 방사광 가속기연구소, 경북과학교육원, 포항산업과학연구원, 포항테크노파크 등 세계를 선도하는 산업과학을 눈으로 직접 보고 느낄 수 있다.

　　문화체육관광부는 '지역 특화 스포츠관광 산업 육성 사업'을 선정하고 있다. 지역 특화 스포츠관광 산업 육성 사업은 스포츠 자원과 지역별 관광자원 등이 융·복합된 스포츠관광 프로그램 개발을 지원해, 지역에 특화된 스포츠관광 산업을 육성하고 지역경제를 활성화하기 위한 사업이다.

포항시는 이러한 지역적 강점을 살려 스포츠이벤트와 스포츠 관광을 결합하는 상품을 개발해야 한다. 그러기 위해서는 포항시와 다양한 분야의 기업, 포항의 스포츠 산업 관련 분야, 그리고 지역주민들이 공유하고 스포츠이벤트 유치 및 개최를 하고자 모두 함께 힘을 기울여야 한다. 스포츠이벤트 유치 및 개최로 끝나는 게 아니라 스포츠관광으로 한 걸음 나아갈 수 있는 다양한 프로그램이 개발되어야 할 것이다. 포항시의 지역주민과 포항시의 발전 나아가 대한민국을 전 세계적으로 널리 홍보할 수 있는 기회의 발판이 될 수 있다.

스포츠이벤트와 스포츠관광의 결합에 있어서 특징을 살펴봤다. 스포츠이벤트로 발생하는 긍정적 효과는 경제적, 물리적, 사회문화적, 심리적, 정치적, 관광산업적 등 다양한 측면에서 발휘할 수 있다. 이러한 긍정적인 효과로 포항시는 다양한 스포츠이벤트 및 스포츠관광을 개발해야 한다.

스포츠이벤트는 국제 스포츠이벤트와 국내 스포츠이벤트로 구분할 수 있으나, 포항시의 경기장 수, 국제 대회 및 국내 대회 개최 현황 등 현시점을 살펴보면 국제 스포츠이벤트 및 국내 스포츠이벤트 등 대규모 스포츠이벤트 개최는 현실적으로 어렵다.

문화체육관광부의 자료에 의하면 2019년에 지자체 국제경기대회는 13개 지역으로 24개 대회가 개최되었다(부록 참조). 2019년에 개최된 국제경기대회를 살펴보면 테니스, 여자배구, 야구, 핸드볼, 줄넘기, 럭비, 마라톤, 철인3종, 바둑 등이었고, 서핑 및 요트와 같은 해양스포츠 이벤트는 개최되지 않았다.

포항시는 동해안에 위치하고 있는 지역적 위치를 고려해 종목에 따른 해양스포츠의 국제경기대회를 개최할 수 있다. 특히 포항은 포항해양스포츠 아카데미를 운영하고 있으며 서핑 및 요트 등 다수의 장비를 보유하고 있다. 지리적 위치 및 장비 보유 등을 통해 해양스포츠의 메카로 자리매김할 수 있는 여지가 충분하다.

해양스포츠이벤트 개최를 문화관광축제와 결합할 필요가 있다. 문화체육관광부는 2020~2021년 문화관광축제를 35개 선정했다. 포항시는 '포항국제불빛축제'가 선정되었다. 즉, 해양스포츠이벤트와 포항국제불빛축제의 스포츠관광 상품을 개발할 수 있는 것이다. 나아가 내연산 12폭포, 운제산 오어사, 포항운하 등 포항의 12경과 연계가 가능하며, 포항 물회, 구룡포 과메기, 대게 등 포항의 다양한 먹거리와 함께 상품 개발도 가능하다.

포항시는 스포츠관광 상품 개발로 스포츠이벤트뿐만 아니라 스포츠관광으로써 스포츠 분야에서 선제적인 위치를 선점할 수 있다. 이를 위해서 체계적으로 준비해야 한다. 먼저 해양스포츠이벤트를 개최할 수 있게끔 적극적인 준비가 필요하다. 이에 포항시의 일자리 경제실, 복지국, 환경국, 도시해양국 등 포항시청의 부서 간 협조가 절실하다. 또한 포항시체육회 그리고 포항을 거점을 하는 프로 선수단, 지역주민들의 관심이 있어야 한다.

코로나-19로 전 세계 관광 시장이 꽁꽁 얼어붙어 있다. 코로나-19가 장기화되면서 관광시장의 근간이 뿌리채 흔들릴 수 있을 정도의 큰 타격을 입고 있다. 다행히 코로나-19의 치료제와 백신이 개발되어 전 세계 관광 시장이 급속히 발전할 가능성이 크다. 포항시는 이러한 가능성을 염두에 두고 스포츠관광 상품 개발에 적극적인 투자와 지원을 해야 한다.

강광배(2007). 국제스포츠이벤트 유치를 위한 스포츠외교. 연세대학교 박사학위논문.

김동건(2014). 스포츠관광 참가요인 조사도구 개발. 한양대학교 박사학위논문.

남상창(2004). 관광과 연계한 스포츠산업 발전전략. 전남대학교 석사학위논문.

박성화·이명권(2014). 스포츠이벤트 참여가 스포츠 채널 선호도와 시청의도에 미치는 영향. 한국스포츠산업경영학회지. 19(3): 69-85.

오종환(2007). 전남 서남지역 관광산업 발전을 위한 스포츠관광의 활성화 방안. 목포대학교 박사학위논문.

윤철훈(2010). 2014 인천아시안게임 개최 효과가 지역사회에 미치는 영향. 동신대학교 박사학위논문.

이용철(2005). 스포츠이벤트 관광상품 개발에 관한 연구. 경기대학교 박사학위논문.

위장량(2015). 스포츠관광 지역특성에 따른 이해관계자 집단 간의 정책 인식차이. 가천대학교 박사학위논문.

조민호(2001). 스포츠이벤트의 관광마케팅에 관한 연구. 관광연구논총. 13: 15-39.

주효뢰(2006). 88서울올림픽을 통해 본 08베이징올림픽의 경제적 효과 및 시사점, 한국외국어대학교 석사학위논문.

최우규(2006). 스포츠관광 활성화를 통한 관광산업 발전에 관한 연구. 안양대학교 박사학위논문.

최지훈(2020). 88 서울올림픽의 유치 준비과정에 관한 연구. 중앙대학교 석사학위논문.

한철언(2001). 21C 스포츠관광. 서울: 백산출판사.

Brent Ritchie, J. R.(1984). Assessing the impact of hallmark events: Conceptual and research issues. Journal of travel research, 23(1), 2-11.

Gibson, H. J.(1998). Sport tourism: a critical analysis of research. Sport management review, 1(1), 45-76.

Hall, C. M.(1992). Adventure, sport and health tourism. Adventure, sport and health tourism., 141-158.

2020-2021년 문화관광축제 35개

구 분	축제명
부산(1개)	광안리어방축제
대구(2개)	대구약령시한방문화축제, 대구치맥페스티벌
인천(1개)	인천펜타포트음악축제
광주(1개)	추억의충장축제
울산(1개)	울산옹기축제
경기(5개)	연천구석기축제, 시흥갯골축제, 안성맞춤남사당바우덕이축제, 수원화성문화제, 여주오곡나루축제
강원(7개)	평창송어축제, 춘천마임축제, 평창효석문화제, 원주다이내믹댄싱카니발, 강릉커피축제, 정선아리랑제, 횡성한우축제
충북(1개)	음성품바축제
충남(2개)	한산모시문화제, 서산해미읍성역사체험축제
전북(3개)	임실N치즈축제, 진안홍삼축제, 순창장류축제
전남(4개)	영암왕인문화축제, 담양대나무축제, 보성다향대축제, 정남진장흥물축제
경북(3개)	포항국제불빛축제, 봉화은어축제, 청송사과축제
경남(3개)	밀양아리랑대축제, 통영한산대첩축제, 산청한방약초축제
제주(1개)	제주들불축제

2020-2021년 예비 문화관광축제 33개

구 분	축제명
서울	한성백제문화제, 관악강감찬축제
부산	영도다리축제, 동래읍성축제
대구	금호강바람소리길축제, 수성못페스티벌
인천	부평풍물대축제, 소래포구축제
광주	광주세계김치축제, 영산강서창들녘억새축제
대전	대전사이언스페스티벌, 대전효문화뿌리축제
울산	울산쇠부리축제, 울산고래축제
세종	세종축제
경기	부천국제만화축제, 화성뱃놀이축제
강원	원주한지문화제, 태백산눈축제
충북	지용제, 괴산고추축제
충남	강경젓갈축제, 석장리세계구석기축제
전북	부안마실축제, 군산시간여행축제
전남	목포항구축제, 곡성세계장미축제
경북	영덕대게축제, 고령대가야축제
경남	알프스하동섬진강문화재첩축제, 김해분청도자기축제
제주	탐라국입춘굿, 탐라문화제

2019년 종목별 국제경기대회 국비지원 대회

연번	종목구분	단체	대회명	기간	장소
			총계(26종목 30개 대회)		
1		스키	평창동계올림픽 1주년 기념, 2019 스노보드 월드컵 평창	2.16~17	강원
2		펜싱	2019 남,녀 사브르 국제그랑프리펜싱선수권대회	4.26~28	서울
3		사격	2019 ISSF 창원 월드컵사격대회	5.7~18	경남 창원
4		육상	2019 부산국제장대높이뛰기대회	5.17~18	부산
5		럭비	2019 아시아 세븐스 시리즈 1차대회(7인제)	8.31~9.1	인천
6		배구	2019 발리볼네이션스리그 여자대회	6.18~20	충남 보령
7		철인3종	2019 경주 아시아선수권대회	6.19~23	경북 경주
8		탁구	2019 ITTF 월드투어 코리아오픈	7.2~7	부산
9		태권도	2019 춘천코리아오픈 국제태권도대회	7.4~10	강원 춘천
10	올림픽 (21)	자전거	Tour de DMZ 2019	8.30~9.3	경기, 강원
11		배드민턴	2019 코리아오픈국제배드민턴선수권대회	9.24~29	서울
12		자전거	2020 아시아 트랙 사이클선수권대회	10.17~21	충북 진천
13		하키	제5회 아시아그랜드마스터스 하키대회	10.17~23	강원 동해
14		조정	2019 아시아조정선수권대회	10.23~27	충북 충주
15		테니스	ITF 서귀포 아시아/오세아니아 국제주니어테니스투어대회	11.2~10	제주 서귀포
16		핸드볼	제22회 아시아남자클럽선수권대회	11.9~21	강원 삼척
17		배드민턴	2019 코리아마스터즈국제배드민턴선수권대회	11.19~24	광주
18		축구	2019 EAFF E1 챔피언십	12.9~18	부산
19		유도	2019 제주컵국제유도대회	12.10~13	제주
20		루지	2019 루지 아시아선수권대회	12.16~23	강원 평창
21		스키	2019 크로스컨트리 FEC대회(극동컵)	12.16~17	강원 평창

연번	종목구분	단체	대회명	기간	장소
22	아시안게임 (4)	롤러	2019남원코리아오픈	4.18~24	전북 남원
23		정구	2019 코리아컵 국제정구대회	7.8~15	경기 안성
24		스쿼시	제12회 코리아오픈 주니어, 시니어 스쿼시 챔피언십	8.17~20	인천
25		바둑	제14회 국무총리배 세계바둑선수권대회	8.31~9.6	강원 영월
26	기타 종목 (5)	산악	2019 아시안컵 산악스키대회	3.23~24	강원 정선
27		패러 글라이딩	PWC-Asia tour-KOREA	10.4~11	전북 고창
28		당구	2019 세계 3쿠션 당구월드컵	11.4~10	경기 구리
29		에어로빅	2019 코리아오픈 에어로빅대회	10.22~25	서울
30		당구	3쿠션 마스터스 콘티넨털 컵	12.20~22	서울

2019년 지자체 개최 국제경기대회 국비지원 대회

연번	지역	대회명	일시	장소
		총계(13개 지역 24개 대회)		
1	서울	2019 코리아오픈테니스대회	9.14~22	서울 올림픽공원 테니스장
2		2019 서울오픈챌린저테니스대회	4.29~5.5	서울 올림픽공원 테니스장
3		2019 아시아여자배구선수권대회	8.18~25	서울 잠실실내체육관
4	부산	2019부산오픈남자챌린저테니스대회	5.6~12	부산시 금정체육공원테니스장
5		제29회 세계청소년 야구선수권 대회(18세 이하)	8.30~9.8	기장군 현대차 드림 볼파크
6		2019 부산컵 국제친선 여자핸드볼 대회	8.6~11	부산 사직실내체육관
7	광주	2019 광주오픈국제남자챌린저테니스 대회	5.13~19	광주광역시진월국제테니스장
8	인천	2019 아시아·태평양 줄넘기 챔피언십& 캠프	8.14~21	인천남동체육관
9		2020 도쿄 올림픽 남자 럭비 아시아 지역예선	11.21~25	인천남동아시아드 럭비경기장
10	대구	2019 대구 국제마라톤대회	4.7	대구국재보상운동기념공원 시내일원
11	울산	2019 울산진하 PWA세계윈드서핑대회	5.18~23	울주군 진하해수욕장
12	경기	제5회 동두천 KOREA 50K 국제트레일 러닝대회	4.20	동두천시
13	강원	2019 스키점프 FIS CUP	8.14~19	강원도 알펜시아 스키점프센터
14		2019 DSI 국제드론스포츠챔피언십	10.12~13	강원도 영월군 스포츠파크
15	전북	2019 군산새만금국제마라톤대회	4.14	군산시 월명종합경기장
16	전남	2019 국제철인3종 경기대회	9.19~23	구례군
17		제6회 전라남도 국수산맥 국제바둑대회	5월~11월	신안, 영암, 강진

연번	지역	대회명	일시	장소
18	경북	청송아이스클라이밍월드컵	'20.1.11~12	청송군 부동면 얼음골
19		2019패러글라이딩 월드컵대회	8.28 ~ 9.1	포항시 곤륜산 활공장
20	경남	2019 통영ITU트라이애슬론월드컵대회	10.17~20	통영시 일대
21		제13회 이순신장군배 국제요트대회	11.6~10	
22	제주	2019 Trans Jeju 국제트레일러닝대회	10.12~13	제주
23		제3회 코리아컵 제주국제체조대회	6.15~20	제주 한라체육관
24		FIBA 3x3 CHALLENGER 2019 JEJU	9.28~29	서귀포월드컵 경기장 광장

포항학총서 2
스포츠 문화도시 구현을 위한 도시마케팅 ©김명수 외

발행일	2022년 4월 30일 초판 1쇄
펴낸이	포스텍 융합문명연구원
지은이	김명수 김성희 김재훈 이승환 민병남

펴낸곳	도서출판 나루
등록번호	제504-2015-000014호
전화	054-255-3677
팩스	054-255-3678
주소	포항시 북구 우창동로 80
페이스북	www.facebook.com/narubooks

ISBN	979-11-974538-7-8 04090
	979-11-974538-6-1 04090 (set)

* 값은 뒤표지에 표시되어 있습니다.
* 인지는 생략합니다.
* 이 책의 전부 또는 일부 내용을 재사용하려면 사전에 지은이와 출판사의 동의를 얻어야 합니다.

본 저서는 2022년도 포스텍 융합문명연구원의 지원을 받아 연구되었음.
This book published here was supported by the POSTECH Research Institute for Convergence Civilization (RICC) in 2022.